MÉMOIRES DE GUERRE

*Collection dirigée
par
François Malye*

Rwanda, la fin du silence

Guillaume Ancel

Rwanda, la fin du silence

Témoignage d'un officier français

Préface de
Stéphane Audoin-Rouzeau

Paris
Les Belles Lettres
2018

© 2018 Société d'édition Les Belles Lettres
95, bd Raspail 75006 Paris
www.lesbelleslettres.com

ISBN : 978-2-251-44804-6

Préface

Le texte que l'on va découvrir est le deuxième livre de Guillaume Ancel, son deuxième témoignage plus exactement. Le premier portait sur son expérience du siège de Sarajevo[1], vécu sur l'aéroport de la ville assiégée, entre janvier et juillet 1995, au titre d'officier de la Force de protection des Nations unies : lui-même était alors en charge du TACP (Tactical Air Control Party), c'est-à-dire du guidage des frappes aériennes des avions de l'OTAN sur les positions serbes dominant la ville, qui y faisaient leur lot de morts quotidien. J'avais eu le privilège de préfacer ce récit, terrifiant témoignage d'une *impuissance*. Celle de la « communauté internationale ». La nôtre.

Avec ce nouveau texte, avec ce nouveau témoignage, nous nous situons un an auparavant : dans le cadre du dernier génocide du XXe siècle, celui des Tutsi rwandais. L'immense massacre a commencé à Kigali, dès le 6 avril 1994, au soir, lorsque s'est répandue la nouvelle de l'attentat perpétré contre l'avion du président Habyarimana ; il s'est ensuite étendu à grande vitesse lors de la journée du lendemain, avant de se généraliser à la quasi-totalité du pays, sous la responsabilité du gouvernement intérimaire « Hutu Power », formé les 8 et 9 avril. Trois mois plus tard, le génocide est arrêté par la victoire militaire du Front

---

1. Guillaume Ancel, *Vent glacial sur Sarajevo*, Paris, Les Belles-Lettres, 2017.

patriotique rwandais et par la fuite au Zaïre des Forces armées rwandaises : on dénombre 800 000 victimes – et même davantage, peut-être – sur un pays de 6 millions d'habitants. La plupart d'entre elles ont été assassinées dès les premières semaines du massacre, piégées dans les églises, dans les bâtiments officiels, attaquées non seulement par les militaires, les gendarmes, les miliciens, mais aussi par leurs voisins, brusquement retournés en ennemis mortels – ces voisins qui ont donné au déploiement de la vague meurtrière un spectaculaire surcroît d'efficacité, un surcroît de cruauté aussi en termes de gestuelles de mise à mort.

Jusqu'à la fin juin, la communauté internationale n'intervient pas (sinon pour exfiltrer les seuls ressortissants occidentaux) et se garde bien de prononcer le mot de « génocide ». Pire : elle a très tôt retiré l'essentiel des forces de l'ONU présentes sur place dans le cadre de la MINUAR. Le 22 juin seulement, la résolution 929 du Conseil de sécurité des Nations unies permet, sous la houlette de la France, le déclenchement de l'opération Turquoise afin de « mettre fin aux massacres partout où cela sera possible, éventuellement en utilisant la force ».

Ici commence le témoignage du capitaine Ancel, qui reçoit précisément, le 22 juin, sur la base militaire de La Valbonne (Ain), l'ordre de rejoindre la compagnie d'intervention du 2e régiment étranger d'infanterie. Comme ce sera le cas à Sarajevo un an plus tard, sa mission est le Forward Air Control (FAC), le guidage au sol des frappes aériennes.

Ainsi est-il aux premières loges pour assister au déploiement de ce que j'appelle, à titre personnel, « Turquoise 1 » : non pas l'opération humanitaire telle qu'elle est alors présentée à l'opinion publique – et qu'elle deviendra effectivement, un peu plus tard, avec la création de la « zone humanitaire sûre » dans le sud-ouest du pays – mais une intervention militaire supposant une forme de cobelligérance avec le gouvernement intérimaire et ses forces armées, et donc avec les responsables du génocide, à cette date presque accompli. Puis Guillaume Ancel a vu – a vécu comme acteur privilégié – le moment précis du basculement de « Turquoise 1 » dans « Turquoise 2 » : lorsque son opération de bombardement du FPR par l'aviation française a été annulée dans la nuit du 30 juin au 1er juillet 1994. Les conditions exactes de cette mutation restent à élucider : elles ne pourront l'être que lorsque les archives de l'État français sur la question seront enfin ouvertes aux chercheurs, ce qui n'est toujours pas le cas. Mais d'ores et déjà, il apparaît que la première semaine de Turquoise, loin de viser la mise en œuvre d'une politique de protection des derniers survivants du génocide, s'inscrivait dans la logique folle du soutien français à un gouvernement rwandais porté à bout de bras, militairement parlant, dès le déclenchement de la guerre, en octobre 1990.

Je ne peux rendre compte ici de toute la richesse du témoignage de Guillaume Ancel, qui recèle bien d'autres éléments rapportés pour la première fois par son auteur. Disons simplement que le récit qu'il nous donne se caractérise d'abord, et avant tout, par son *honnêteté*. Une honnêteté qui le pousse – le *force* serait peut-être plus exact – à prendre parfois de grands risques dans la narration de ses propres faits et gestes en juin-juillet 1994. Si j'insiste sur cette honnêteté, c'est parce que ce « témoignage d'un officier français », comme l'énonce le sous-titre du livre, n'est pas le premier du genre : il a été précédé par d'autres ouvrages – par nombre d'articles aussi – publiés par divers officiers de l'opération Turquoise, de grade généralement plus élevé que ne l'était celui de Guillaume Ancel en 1994 : livres de défense de l'action militaire française, livres de reconstruction – souvent indécents, pour ne pas dire ignobles – de ce qui fut accompli au Rwanda par notre pays entre octobre 1990 et juillet 1994, mais aussi après cette date : car, comme on le sait, les criminels civils et militaires rwandais ont pu se réfugier au Zaïre sans que les forces militaires françaises aient mandat de les arrêter ; et là, dans les immenses camps de réfugiés pris en main par les débris du pouvoir génocidaire, ils furent purement et simplement réarmés. Mais précisément, Guillaume Ancel se garde de mettre en cause ses anciens compagnons d'armes : seuls les responsables *politiques* ayant engagé de manière indigne les forces militaires françaises doivent se sentir visés par son texte.

Le drame du génocide des Tutsi rwandais, le drame du cynisme de la communauté internationale face au seul génocide du XXe siècle qu'il eût été possible d'*empêcher*, le drame d'une politique française honteuse dont l'héritage continue de peser aujourd'hui sous la forme d'une véritable chape de plomb, fait mieux sentir, peut-être, l'importance centrale d'une valeur individuelle et collective que l'on peut juger un peu sommaire, sans doute, un peu surannée, peut-être, mais sans laquelle tout le reste tombe en poussière : l'honneur.

Je parle ici de l'honneur d'un soldat, de l'honneur d'un officier. Je parle de l'honneur de Guillaume Ancel à travers son témoignage d'exception. Ce dernier s'est exprimé longuement, déjà, sous la forme d'articles de presse courageux. Mais cette fois, il s'agit de tout autre chose. Avec ce livre, il nous saisit par la main, et il nous dit : « Venez ; nous allons voir. »

Stéphane Audoin-Rouzeau
EHESS

Ce témoignage est fondé sur mon carnet d'opérations, de nombreux entretiens et un difficile exercice de mémoire. Certaines dates peuvent être inexactes pour la raison que je ne les avais pas toutes précisées à l'époque. Les noms des personnes ont été pour la plupart modifiés afin de ne pas atteindre à leur image, ce qui n'est pas l'objet de ce récit.

Un lexique, un récapitulatif des événements et des cartes sont disponibles en fin d'ouvrage.

Base militaire de La Valbonne,
Ain (25 km de Lyon, France).
22 juin 1994

ORDRE IMMÉDIAT/ DANS LE CADRE DE L'OPÉRATION TUR-
QUOISE, LE CAPITAINE ANCEL REJOINDRA LA COMPAGNIE
D'INTERVENTION DU 2° RÉGIMENT ÉTRANGER D'INFANTERIE
AUX ORDRES DU CAPITAINE COLIN/ MISSION FAC[1]/ ÉQUI-
PEMENT GUÉPARD, DEUX JOURS D'AUTONOMIE/ DÉPART
PROBABLE SOUS 48 HEURES/ MESURES DE COORDINATION
À ASSURER DIRECTEMENT ENTRE BOI[2]/ FIN DU MESSAGE//

Je tente de clôturer les comptes de la dernière opération
portes ouvertes du 68e régiment d'artillerie d'Afrique quand
le téléphone me dérange.

— *Oui, Ancel.*

— *C'est le bureau des opérations. Tu es à jour comme*
officier de guidage tactique ?

— *Merde Peio, on ne dit plus OGT, mais Forward Air*
Controller et je n'ai vraiment pas le temps d'aller m'entraîner
au guidage des frappes aériennes en ce moment parce que je
dois terminer le festival et…

---

1. Forward Air Controller (FAC), contrôleur avancé, officier qui assure
le guidage au sol des frappes aériennes et dont il assume la responsabilité.

2. BOI, bureau des opérations et d'instruction, prépare et organise ces
deux domaines, *l'instruction* recouvrant en fait la formation individuelle et
l'entraînement collectif des militaires.

— Halte au feu ! Excuse-moi de ne pas parler franglais, je te rappelle que je suis catalan et passe me voir ce matin.

Le plus tôt sera le mieux. Je monte au bureau des opérations pour m'accrocher avec le capitaine Peio, capitaine tout comme moi, mais avec dix ans d'ancienneté de grade et au moins vingt années d'âge en plus, que je n'ai pas l'intention de rattraper. En réalité je l'aime bien, malgré son côté vieux croco revenu de tout, omniprésent dans ce régiment d'artillerie de la Force d'Action Rapide dédié à la Légion étrangère. À mon retour du Cambodge, j'ai été chargé de l'organisation d'un festival international de musiques militaires. Ce festival remplit les caisses du régiment pour tout ce qui sort des budgets officiels totalement verrouillés, mais il m'ennuie d'autant plus que je ne suis pas amateur de musique et encore moins de ce qui me tient à l'écart des missions opérationnelles.

J'aimerais néanmoins m'assurer que ce festival a rapporté plus qu'il n'a coûté, sinon le colonel commandant le régiment serait capable de me confier le suivant, pour ma formation personnelle bien sûr… À mon tour, je délègue le bilan financier à un aspirant polytechnicien, qui compte heureusement mieux qu'il ne communique, et je sors du petit bâtiment en briques dans lequel l'équipe d'organisation du festival est reléguée. Une grande pelouse nous sépare de l'état-major du régiment, un immeuble de deux étages maintes fois rénové, qui respire un curieux mélange de conservatisme par l'odeur de cire, et d'activités fébriles par l'éclairage intense et la peinture blanche sans cesse renouvelée.

Une volée d'escaliers que j'aime avaler à grandes enjambées, portes vitrées à droite, deuxième bureau à gauche, le capitaine Peio fait semblant de ne pas s'interrompre quand je frappe à sa porte ouverte. Il ne lève même pas les yeux pour me dire avec dédain :

— *J'ai cru que tu ne viendrais plus, tu me dis si ça t'embête de monter au bureau des opérations.*

— *Je voulais venir avec les comptes du festival, comme ça tu m'aurais aidé à les clôturer.*

— *En plus tu te fous de ma gueule, putain, ces jeunes officiers, ils me rendent dingue.*

— *Rassure-toi, dans quarante ans, je dirai la même chose. Tu n'avais pas quelque chose d'intéressant à me dire ?*

— *Oui, peut-être... la Légion a besoin d'un contrôleur avancé, un FAC comme tu dis, tu es prêt ?*

— *Je suis dans le festival, enfin sa clôture, jusqu'au cou, mais j'aurai terminé à la fin de la semaine.*

— *Bon, donc tu es disponible, je préviens le 2e REI[1].*

Peio passe sa pipe dans l'autre main, elle est éteinte parce qu'il sait que ça insupporte ses collaborateurs, et il saisit son téléphone à clavier pour appeler son homologue de Nîmes.

— *Peio au téléphone, concernant le FAC, c'est bien le capitaine Ancel qui s'y colle, c'est un jeune, doublé d'un emmerdeur de première, mais il est pointu.*

— *Ça colle si tu nous le dis, il nous rejoint quand ?*

— *Semaine prochaine si ça vous convient.*

Le visage de Peio, couleur vieux maïs, change de ton à la réponse que je n'ai pas réussi à entendre. Il raccroche et me toise avec ironie.

— *Tu es prêt, mon capitaine ?*

Il voit à ma moue interrogative que je ne comprends pas où il veut en venir.

---

1. 2e REI, régiment étranger d'infanterie, basé à Nîmes. Un régiment *étranger* est une unité de la Légion étrangère, corps de l'armée de terre française créé en 1831 pour intégrer des soldats non français.

*— La compagnie embarque à l'aube demain matin à Istres,
donc ils t'attendent cet après-midi à Nîmes.*

Un léger vent de panique me traverse, juste le temps de
remettre définitivement les comptes du festival à l'aspirant
qui fera de son mieux, puis de retrouver la check-list censée
m'empêcher d'oublier plus de la moitié de ce dont je pourrais
avoir besoin. Cela fait cinq ans que je suis en unité opérationnelle et j'ai déjà une mission compliquée au Cambodge
à mon actif, mais le Rwanda, je débarque un peu. Certes, je
scrute avec intérêt l'actualité internationale, d'autant qu'elle
annonce la plupart des missions d'intervention dans lesquelles
mon régiment est spécialisé, mais je n'ai pas vu venir cette
opération, encore moins ma participation.

Je n'ai comme image du Rwanda que ces hommes ivres
de violence, photographiés la machette au poing par quelques
reporters, observateurs impuissants de massacres qui nous
consternent mais restent à une confortable distance. Je mesure
aussi combien le festival avait monopolisé mon attention, il est
vrai que ce n'était pas évident de faire venir quatre formations
musicales de l'étranger, financer leurs frais et leur déplacement
dans un complexe troc de services avec nos camarades de
l'armée de l'air. L'affaire présentait même des « risques » ;
quarante musiciens militaires irlandais, pour ne citer qu'eux,
pouvant boire la recette du festival, simplement pour leur avoir
offert l'open-bar un soir de répétition.

Désormais, mon problème est tout autre, et je fais le point
dans la matinée avec Peio sur ce qu'il reste à régler. Il organise
mon déplacement jusqu'à Nîmes ; de mon côté, je dois récupérer tout l'équipement que ne me procurera pas la compagnie
de combat dans laquelle je serai détaché : celle-ci me fournira

un fusil d'assaut FAMAS[1], la radio spéciale pour communiquer avec les avions, les jumelles de vision nocturne, gilet en kevlar, munitions et vivres. Le reste est à ma charge, et je dois l'emporter personnellement. Un infirmier m'apporte la trousse de secours que nous accrochons sur nous en permanence en opération, avec une dose de morphine et ces médicaments qui permettent de priver son corps de sommeil, au moins pendant quelques nuits. Je récupère aussi un des premiers GPS portables, que nous expérimentons pour la firme GARMIN. Pas plus encombrant que la moitié de mon avant-bras, il affiche déjà quatre lignes d'information. Mais il lui faut huit piles bâtons pour quelques heures de fonctionnement... Pourvu que la Légion pense à en emporter.

Le reste de mes affaires et mon arme personnelle se trouvent à mon domicile à Lyon. Je ne porte plus le pistolet réglementaire MAC 50[2] depuis la guerre du Golfe, pour laquelle nous devions embarquer avec une unité de missiles portables Mistral[3] avant que les guerres intestines de l'armée de terre ne nous clouent au sol. Le colonel en second de l'époque avait fait le nécessaire pour que nous puissions acheter comme arme de service, à nos frais, un pistolet de qualité qui tire seulement quand on le souhaite et qui ne s'enraye pas quand on en a besoin. J'avais choisi un SIG SAUER P228, une arme de poing utilisant la même munition de 9 mm que le MAC 50 avec la différence de qualité qui sépare une BMW d'une 2CV. Canon court, douze cartouches pour ne pas forcer le ressort du chargeur, une vraie arme de protection. J'aime ce qui se fait de mieux, surtout pour faire face à l'imprévisible.

1. FAMAS, fusil d'assaut de la manufacture d'armes de Saint-Étienne.

2. Pistolet automatique en 9 mm de la manufacture d'armes de Châtellerault (MAC) modèle 1950, une antiquité...

3. Missile antiaérien portable.

J'appelle Emmanuèle pour lui dire que je pars, sans pouvoir donner de détails sur ma mission – que je ne connais pas encore réellement – ni esquisser un quelconque agenda. Heureusement qu'elle sait feindre de comprendre. Elle sera là quand je passerai cet après-midi, sur le chemin de Nîmes.

Rapide déjeuner au mess des officiers, le capitaine Laurent, qui était l'année dernière au Rwanda, me rejoint pour me briefer sur un coin de table. Il décrit avec ses mots incisifs ce petit pays, son altitude moyenne dépassant les 1 500 mètres, son climat spécifique qui en fait une Afrique très particulière. Il insiste sur l'influence de la Suisse et de la Belgique, à la mesure de l'aide qu'elles fournissent depuis des années à ce territoire qui présente l'avantage d'être à leur échelle.

Un brief trop court sur les années de combat « entre Hutu et Tutsi », sur l'appui que l'armée française apporte aux premiers, largement majoritaires dans ce pays et dont j'ai croisé plusieurs officiers en formation dans notre école d'artillerie à Draguignan. Deux années de suite, mes camarades du 68 ont stoppé les offensives ennemies avec cette artillerie qu'ils ont eux-mêmes dirigée sous couvert de formation. Et puis l'assassinat du président Habyarimana alors que la paix semblait enfin s'instaurer. Les massacres et la confusion qui s'ensuivent, les *rebelles* tutsi, organisés dans le Front patriotique rwandais FPR, qui pénètrent en force par le nord du pays et les forces gouvernementales – les Forces armées rwandaises FAR – qui n'arrivent plus à résister et se replient en désordre vers le Zaïre[1] à l'ouest. J'aurais aimé un brief plus long et plus étoffé, comme le font normalement des spécialistes du Quai d'Orsay[2] avant chaque opération mais je ferai avec, ou plutôt sans.

1. Le Zaïre est devenu la République démocratique du Congo (RDC) en 1997.
2. Siège du ministère des Affaires étrangères en France.

En milieu d'après-midi, j'ai pratiquement tout récupéré, à l'exception de mes affaires personnelles. Un caporal-chef m'accompagne en voiture pour Nîmes, siège du 2ᵉ régiment étranger d'infanterie, via mon domicile à Lyon. Un coup de périphérique le long des berges du Rhône, étrange de chercher la meilleure file pour se faufiler dans les embouteillages lyonnais, alors que je dois partir à plus de 6 000 km de là.

La 205 blanche se gare rue Waldeck-Rousseau, au pied de mon immeuble. J'ai moins d'une heure pour plier mon paquetage, les vêtements que je vais mettre pendant plusieurs semaines, voire plusieurs mois, l'avantage étant de ne pas savoir... De toute manière je ne peux emporter que trois sacs, un sac à dos – j'ai un des modèles les plus grands –, un *sac à toile* étanche conçu à l'origine pour transporter un parachute et une sacoche de combat, sorte de havresac qui permet de garder sur soi quarante-huit heures d'autonomie en vivres, munitions et équipements de survie.

J'emporte trois treillis de combat en plus de celui que je porte, des chemisettes plus légères, un pull pour les nuits fraîches décrites par mon camarade et qui ne laissent pas de surprendre au Rwanda ; sous-vêtements, grandes chaussettes noires, affaires de toilette réduites à leur plus simple expression, même si l'usage est de se raser tous les matins, quelles que soient les conditions.

Ma femme m'aide discrètement à assortir les couleurs des treillis – elles vieillissent étrangement au lavage – car je les distingue difficilement. Je prends les médicaments habituels contre la tourista et son contraire, des anti-inflammatoires, ainsi que le nécessaire à bobos[1]. Je répartis, dans les larges poches de mon pantalon de combat, un carnet de notes résistant à l'humidité avec un crayon tout-terrain et un billet de 100 $

---

1. Blessures sans conséquences, sans rapport avec les *bourgeois-bohèmes*.

glissé sous la couverture en cordura en guise de dernier argument, un portefeuille dans l'autre poche avec mon passeport et l'invraisemblable liste de vaccins que ces salauds de médecins rallongent sans fin.

J'enlève le verrou de neutralisation de mon pistolet, caché derrière la penderie des filles, et je prends une boîte de cinquante cartouches spéciales de 9 mm, un panaché de munitions perforantes et de balles expansives, en plus des trois chargeurs à douze cartouches que je porte déjà sur ma ceinture de toile.

Quelles affaires vraiment personnelles emporter ? Un carnet de photos pour faire comme si elles n'étaient pas loin, ma femme et nos trois filles, *Mille et un ans de poésie* et un carnet de route – un « *logbook* » disait mon coéquipier britannique au Cambodge – que je m'oblige à remplir presque chaque soir pour conserver la mémoire du quotidien.

Mes filles se courent après dans l'appartement avec mon képi sur la tête, j'avais oublié de le caler dans mon sac. Ma femme ne me questionne pas, elle a bien compris que je n'ai pas de réponse, elle m'embrasse avec tendresse, les enfants sont persuadées que je rentrerai simplement plus tard puisque je suis passé plus tôt. Le grand sac sur le dos, la sacoche sur le ventre, le *sac à toile* dans la main, je ressemble à un chameau porteur. La porte de l'ascenseur se referme derrière moi, je grave le sourire lumineux de mes filles au fond de mon cœur.

Nous partons pour Nîmes.

Deux heures et demie plus tard, la voiture pénètre dans le quartier militaire du 2e REI. Nîmes est aussi le siège de la division légère blindée qui regroupe pratiquement toutes les unités de Légion étrangère et à laquelle le 68e régiment d'artillerie d'Afrique est dédié. Les bâtiments encadrent une grande cour bordée de lourds platanes où se tiennent les prises d'armes, notre voiture se gare au pied de l'immeuble marqué d'un *1ᵉ compagnie* sur fond vert et rouge.

Je pensais déclencher un peu d'intérêt en débarquant dans l'unité du capitaine Colin, parce que je suis le seul à porter un béret bleu foncé dans cette maison de bérets verts. Déception, les légionnaires sont tout à leur affaire, car nos entraînements et nos fastidieuses préparations n'évitent pas le désordre des départs précipités : l'ordre est tombé seulement ce matin pour embarquer dès le lendemain. Cette compagnie de combat, d'environ 150 hommes, doit rassembler tout le matériel nécessaire, des véhicules aux munitions, une affaire d'organisation dont je connais bien les arcanes.

Le capitaine Colin qui dirige l'unité est un molosse calvitié. Il m'accueille avec un sourire, pas désagréable mais clair sur le peu de temps et de parole qu'il va me consacrer. L'activité est fébrile alors que personnellement je n'ai pas grand-chose à entreprendre, je me fais discret dans un coin de son bureau, relisant sans besoin de la documentation technique. Je pourrais ouvrir un livre mais je ne voudrais pas qu'il me prenne pour un *touriste*.

Je jette régulièrement des coups d'œil autour de moi sur la décoration du bureau, qui tient du cabinet de curiosités avec tous ces objets qu'affectionnent les militaires, fanions aux couleurs criardes, insignes mêlant bestiaire mythologique aux armes symboliques du commandement et de la puissance – épées et canons – ainsi que ces plaques commémoratives qui ne résistent jamais au temps.

Les murs étalent aussi ces photos de groupe où tout le monde peut se voir sans se reconnaître vraiment : défilés, prises d'armes, levée des couleurs sous tous les horizons et par tous les temps, avec la même atmosphère sévère de ces hommes en uniforme, rangés au cordeau sur un damier silencieux. Les adjoints du capitaine Colin entrent en coup de vent pour exprimer leur inquiétude du moment et le commandant d'unité les rassure avec quelques mots simples, qui veulent tous dire : « on fera avec… ». Je m'oblige à garder le silence, pour ne pas poser à mon tour de questions auxquelles il n'aurait pas de réponse.

En fin d'après-midi, un officier du bureau opérations entre brusquement dans le bureau et me remet personnellement un exemplaire numéroté d'un ordre préparatoire, dont manifestement Colin dispose déjà. Il s'agit de réaliser un raid terrestre sur Kigali, la capitale du Rwanda, pour remettre en place le gouvernement, ordre expliqué par quelques schémas et des hiéroglyphes militaires appelés symboles :

Nous débarquerons en *unité constituée* [1] à Goma et l'opération s'appuiera sur la vitesse et la surprise liées à notre arrivée ultrarapide. À ce stade, la mission n'est pas encore confirmée, mais elle devient très probable.

Cet ordre ne me surprend pas vraiment. J'apprécie les subtiles analyses de politique internationale et les débats sur la pertinence des interventions, mais en l'occurrence nous serons projetés à 6 000 km de la métropole pour faire notre métier, qui est de mener des opérations militaires, et celle-ci rentre dans nos cordes.

En théorie, c'est assez simple, je dois dégager un couloir en guidant les frappes des avions de chasse, couloir dans lequel la compagnie de légionnaires s'engouffre, suivie par d'autres unités aguerries. La rapidité est telle que les unités d'en face ne doivent pas avoir le temps de se réorganiser tandis que nous rejoignons aussi vite que possible la capitale, Kigali,

---

1. Compagnie de combat au complet, normalement avec tout son équipement.

pour remettre les insignes du pouvoir au gouvernement que la France soutient.

Tactiquement c'est logique, puisque nous nous exerçons depuis plusieurs années à ce type d'opération avec les unités de la Force d'Action Rapide qui seront déployées sur ce *théâtre*, comme si nous allions jouer une pièce maintes fois répétée. En pratique, c'est évidemment risqué, très violent et nous sommes suffisamment entraînés pour savoir que ce raid terrestre ne se passera jamais comme nous l'avions prévu.

La soirée arrive enfin, Colin se lève.

– *Il faut dîner,*

et il m'emmène au mess des officiers, tout proche, où nous partageons un frugal repas.

C'est notre dernier repas normal, tel que nous l'affectionnons en France, cérémonial, table, couverts, cuisine, rituel.

D'autres officiers nous croisent au mess, mais ils n'échangent avec nous que quelques sourires crispés et phrases stéréotypées. Quel sujet aborder la veille d'un départ en opération ?

Je m'installe pour la nuit sur le canapé-lit du bureau de Colin, dans un silence troublant, il est trop tard pour appeler à la maison sans risquer de réveiller les filles. J'essaie de m'endormir, mes rêves sont confus.

Nîmes, Gard (sud-est de la France).
23 juin 1994

Départ de la garnison au petit matin, une autre compagnie de Légion est rassemblée pour former une sorte de haie d'honneur devant le portail d'entrée, je les trouve inquiétants de sollicitude. Assis à l'avant d'un bus rustique, j'échange les premiers regards avec les jeunes lieutenants et les sous-officiers expérimentés qui encadrent cette compagnie. Prise de contact discrète, je sais que je suis scruté, ils me vouvoient (ce qui est très inhabituel pour moi) à l'exception de l'adjoint du commandant de compagnie, le capitaine Tabal, qui a exactement mon ancienneté de grade et peut donc me tutoyer sans craindre de bouleverser les usages de la Légion étrangère.

Je souris intérieurement en observant encore une fois l'imagination sans limites que déploient les militaires pour ne pas être confondus avec d'autres. Chaque détail permet de reconstituer leur parcours personnel : le brevet parachutiste avec toutes ses variantes, le badge de tireur d'élite, la couleur bleue du foulard fixé sur l'épaule gauche, propre à cette compagnie, un signe particulier sur un passant d'épaule… des trésors d'individualisation dans un monde *uniforme*.

Nous arrivons rapidement à l'aéroport d'Istres, dans une partie dédiée aux opérations militaires, à l'écart des autres voyageurs et surtout des journalistes. D'énormes avions de transport Ilyouchine 76 sont censés nous récupérer et nous emmener directement sur la piste de Goma, à la frontière zaïroise du Rwanda, mais ils ne sont pas au rendez-vous. Les pilotes (russes ou ukrainiens ?) se sont mis en grève quand ils ont compris que la société internationale qui nous vend leurs services empochait l'essentiel du prix de la *course*. Des légionnaires russophones se font les interprètes des logisticiens de l'état-major des armées qui essaient de négocier une sortie de crise. Nous ne sommes pas encore rendus.

Longues heures d'attente sous un hangar industriel. Le capitaine Tabal en profite pour lier connaissance et me poser les questions rituelles sur mon parcours, les stages de formation que nous avons tous fréquentés et les éléments d'usage de notre vie familiale. Il me présente les cinq chefs de section, quatre de combat et une de commandement, qui constituent la compagnie. Chaque section, qui compte une trentaine de légionnaires, est commandée par un lieutenant ou un sous-officier supérieur. Pour cette compagnie de combat de la Légion étrangère, ce sont deux lieutenants très jeunes, autour de 25 ans, sans doute saint-cyriens, deux lieutenants issus de la promotion interne forcément plus âgés – presque 30 ans – et un sous-officier supérieur, un adjudant d'environ 35 ans qui reste un peu à l'écart des officiers malgré une responsabilité équivalente.

Les heures passent, les légionnaires sont calmes, habitués à ce genre d'attente, mais suffisamment sous pression pour ne pas trouver un réel repos.

Nous attendons donc, pas de place ici pour le droit à l'information. En début d'après-midi, Tabal nous prévient qu'un autre avion a été trouvé, et deux heures plus tard nous montons enfin dans un magnifique BOEING 747 aux couleurs d'Air France, affrété en *crash* pour nous emmener. Pas question évidemment qu'il se pose en dehors des grands aéroports spécialement équipés, aussi partons-nous finalement pour le Gabon, sans notre matériel qui embarque dans d'autres avions pour le Tchad et la Centrafrique.

Arrivée nocturne à Libreville au Gabon. Nous pourrions être dans n'importe quelle autre métropole d'Afrique car le trajet de nuit, en bus, de l'aéroport à la base française en dit peu sur la ville qui nous accueille.

Nous sommes hébergés dans un camp de tentes installées sur une prairie grasse, légèrement en pente, qui semble surplomber la ville. Tous les pans sont relevés pour laisser circuler l'air saturé d'humidité. Le site est étrangement calme, presque beau, on ne sent pas l'effervescence de la cité, je n'entends même pas ses bruits.

De nouveau, une nuit peu réparatrice nous attend, allongés sur de rustiques lits de camp, simples toiles tendues sur des armatures pliantes de métal ou de bois. Étape improvisée d'une *projection* qui se voulait directe et rapide, nous sommes obligés de nous adapter, rien n'est simple dans de telles opérations.

J'entends maintenant les bruits de mes voisins – nous sommes côte à côte – qui se retournent, reniflent ou respirent bruyamment, et que les bruissements de la nuit ne peuvent couvrir. Je change souvent de position, sans jamais trouver la bonne. Je somnole, sans confort, ni pensées.

Libreville, capitale du Gabon.
24 juin 1994

Le ciel est gris et l'atmosphère déjà lourde quand nous arrivons, une heure après le lever du soleil, sur la piste de l'aéroport de Libreville, dans la zone aménagée pour les avions militaires français. Nous débarquons du car à proximité d'un Hercules, le seul avion de transport lourd dont dispose réellement l'armée de l'air.

Il ne peut emmener qu'une partie de la compagnie et il faut donc prévoir deux rotations pour nous acheminer enfin jusqu'à Goma au Zaïre, aux portes du Rwanda. Se lever tôt pour partir tard, c'est une question d'habitude.

Chaque section a parfaitement aligné ses paquetages, et je suis évidemment le seul à poser des sacs pas tout à fait réglementaires, dont la couleur est sans doute plus proche du vert sapin que du vert armée. C'est le problème quand on est daltonien et qu'on s'efforce de le dissimuler.

Nous grignotons un morceau de ration sur le talus de terre en bord de piste. Chaque *ration* est conditionnée dans une boîte en carton prévue pour vingt-quatre heures et nous en gardons deux sur nous en opération pour être autonomes. Il faut du temps pour tout synchroniser et il fait diablement chaud sur le tarmac de l'aéroport, que seuls balayent les effluves saoulantes de kérosène, sous un soleil aussi puissant qu'invisible.

En début d'après-midi, les aviateurs nous font embarquer par l'arrière de l'avion, nous remontons la rampe puis nous

nous glissons entre les rangées de sièges en toile qui occupent entièrement l'espace de la carlingue. Tout paraît étroit lorsque la rampe se referme derrière nous dans le bruit écrasant des vérins hydrauliques. Des câbles courent le long des parois, dont l'habillage est purement fonctionnel, peu de place pour le design dans ces *aéronefs* qui, de l'intérieur, ressemblent plus à des sous-marins qu'à des avions. Nous nous calons les uns contre les autres, nos jambes imbriquées comme les pièces d'un puzzle flottant.

Les puissantes hélices se mettent en rotation et secouent l'Hercules de bruyantes vibrations, nous nous sanglons méthodiquement sur nos minuscules sièges, pendant que le chef de soute inspecte tout ce qui relève de la sécurité. L'avion s'ébranle lourdement jusqu'au début de la piste d'envol, il se met en point fixe. Puis dans un bruit assourdissant il monte ses moteurs au maximum de leur puissance et relâche d'un coup ses freins ; c'est l'envol vers la mission.

Il est plus de 18 h et la nuit est déjà tombée quand nous atterrissons enfin sur la piste de Goma, à la frontière rwandaise. La rampe arrière s'est abaissée, et nous ne distinguons rien aux alentours. L'absence de toute lumière nous permet de réaliser de suite que « l'aéroport de Goma » se réduit en fait à cette piste d'envol.

Puis, dans l'éclairage blafard de la carlingue, apparaissent deux officiers français, manifestement seuls, et nous comprenons que rien n'est prévu pour notre accueil car nous arrivons juste après eux. Le capitaine Colin, commandant la compagnie, ne se laisse pas impressionner pour autant et décide que nous nous installerons à côté de la piste, sur le terre-plein, en attendant le jour et la suite.

Bref examen du sol à la lampe frontale, quelques morceaux de bois en guise de râteau pour nettoyer un peu et nous nous installons par terre, par petits groupes en étoile. Tabal me demande discrètement si j'ai des munitions en *spare*[1], car toutes les leurs sont encore au Tchad et il trouve délicat d'organiser une garde avec des armes sans munitions. Les bérets verts inspirent en Afrique une grande peur, mais il fait nuit et d'éventuels agresseurs n'auraient même pas l'occasion de réaliser à qui ils s'attaquent. Je distribue comme un trésor ma boîte de cinquante cartouches, qui suffit à conforter les légionnaires de garde.

Nous avalons rapidement la fin de la boîte de ration entamée ce matin, la nuit rougeoie des minuscules lueurs de ces boîtiers métalliques rudimentaires qui permettent avec un carré d'Esbit[2] de réchauffer le plat cuisiné en conserve, toujours un plat en sauce.

Je m'installe à côté de Tabal, sur le sol qui ne m'inspire pas une grande confiance. La nuit est fraîche, je déroule le tapis de mousse qui sert de gaine intérieure à mon sac à dos et je me glisse dans mon sac de couchage après avoir pris soin de conserver mon arme à portée de main, glissée dans une de mes bottes de combat, juste à côté de ma tête. Après deux nuits de sommeil très superficiel, je m'endors presque serein d'être quasiment arrivé au Rwanda.

---

1. En « réserve ».
2. Combustible solide en forme de tablette.

Aéroport de Goma, Zaïre.
25 juin 1994

L'avantage près de l'équateur, c'est que le soleil invariablement se lève à 6 h et se couche à 18 h. La lumière du jour me réveille tôt et je me sangle dans mon équipement de combat pour être paré à toute éventualité.

La toilette se réduit à un bref lavage des dents, afin d'économiser l'eau potable dont nous disposons, seulement trois briques d'un litre pour la journée. Instinctivement, une fois le regard éclairci, je fais un tour d'horizon : nous sommes installés sur un terrain vague en bordure de piste, quasiment sans végétation. À environ 500 mètres, j'aperçois des habitations en nombre et, vers le nord, les immenses volcans qui marquent la frontière avec l'Ouganda. Les habitations sont de simples empilements de bois et de tôle, qui ressemblent plus à des favelas qu'à des faubourgs. Une légère fumée s'en échappe en continu, mêlée d'une odeur âcre et tenace qui flotte jusqu'à notre installation. Le ciel est gris mais moins lourd qu'au Gabon, nous sommes déjà en altitude.

Nous avons trouvé de quoi monter des abris de fortune. Ils ressemblent aux carbets rudimentaires que nous apprenions à construire dans la forêt amazonienne pendant les stages de combat en jungle. Beaucoup de légionnaires y ont séjourné et dressent ces abris avec une facilité déconcertante. Je me fais inviter dans – ou plutôt sous – celui construit pour les deux autres capitaines de l'unité. Ils m'accueillent correctement,

comme le font d'ailleurs tous les légionnaires de la compagnie.
S'ils sont polis avec moi, je sens bien que je ne fais pas partie
de l'unité, ils me considèrent juste comme un hôte de passage.

Tabal s'affaire pour récupérer tous les hommes et le matériel
de la compagnie, j'essaie de me rendre utile mais nous n'avons
objectivement pas grand-chose à faire d'autre qu'attendre.
J'aurais préféré que nous allions nous installer dans un bâtiment,
une école ou une usine comme nous procédons généralement,
mais toutes les unités d'intervention se regroupent ici, autour
de ce qui va devenir la principale base logistique de cette opération Turquoise. Et de toute façon nous n'avons même pas
une Jeep pour nous déplacer dans Goma. L'attente est pesante.

Nous allons devoir patienter trois jours dans cet endroit
peu hospitalier avant de pouvoir récupérer la deuxième partie
de la compagnie restée au Gabon, ainsi que les véhicules et
les munitions qui ont transité par le Tchad et la Centrafrique.
Heureusement les premiers approvisionnements sont arrivés
et nous avons désormais quelques chargeurs et un stock d'eau
raisonnable.

La nuit tombée, j'aperçois le rougeoiement de plusieurs
volcans qui éclaire la voûte de nuages, réplique impressionnante
et menaçante des lueurs vacillantes de nos réchauds. C'est loin
mais diablement inquiétant, comme un coucher de soleil qui
refuserait de disparaître. Dans quelques mois, le Nyiragongo
entrera en éruption et une coulée de lave finira de ruiner cette
ville frontalière qui n'en avait pas besoin pour sombrer dans
la misère.

Aéroport de Goma, Zaïre.
26 juin 1994

Un officier d'état-major nous rend visite sur notre campement de fortune. J'aimerais l'interroger sur la suite de la mission puisque nous étions censés arriver par surprise pour mener une action offensive, mais il ne me répond pas et se contente de récupérer avec d'inhabituelles précautions l'ordre préparatoire reçu à Nîmes. Normalement, en opération, le simple fait d'ordonner la destruction d'un ordre écrit suffit, mais cet officier vérifie chaque exemplaire page par page, comme si ce document ne devait plus exister…

Je suis enfin adopté par la compagnie de légionnaires, pour avoir volé à leur profit. En effet, dans notre complexe manœuvre logistique, nous n'avons encore que des bougies pour nous éclairer le soir. Pas question d'user trop tôt les stocks de piles, en dehors de quelques recherches bien précises alors que, au risque de me répéter, la nuit tombe inexorablement à 18 h, d'où de longues soirées dans le noir. Lors de ce troisième jour depuis notre arrivée à Goma, outre le matériel et les munitions enfin récupérés, nous voyons débarquer toute une équipe de reporters pour couvrir notre opération.

Le contraste entre la difficulté de notre déploiement et la facilité avec laquelle les journalistes débarquent pour faire leur job est un peu désarmant. L'équipe de reportage est centrée sur Patrick Poivre d'Arvor, célèbre journaliste de la télé française, qui va faire son journal du soir *en direct de la frontière du Rwanda*.

Nous assistons à l'effervescence du montage du *20 heures*, ballet de techniciens et d'assistants pour faire briller une seule personne. Au dernier moment, une caisse en bois est retournée pour surélever la vedette du journal, un peu trop écrasée par la carrure des militaires choisis pour « répondre » à ses questions. Des questions tellement lissées par la chaîne *d'information* que les militaires n'ont définitivement rien à craindre.

Nous observons leur manège à distance avec Tabal, quand j'aperçois une mallette qui fait office de groupe électrogène et fournit l'éclairage tout autour du plateau improvisé. C'est exactement ce qu'il nous faudrait pour la compagnie, à peine plus grosse qu'un attaché-case, quasiment pas de bruit, aucune vibration. J'attends patiemment la fin de cette délicieuse émission, destinée à rassurer la société française sur nos intentions présumées.

Comme je l'espérais, le démontage se fait dans un parfait chaos. Cela me laisse le champ pour traverser la scène et embarquer la valise comme si elle avait toujours été dans ma main. Surtout prendre l'air affairé, quitter rapidement le petit diamètre encore éclairé, contourner largement la zone potentielle de recherches et revenir à notre campement de fortune avec mon *emprunt*.

Tabal m'accueille avec un sourire admiratif, rejoint rapidement par tous les cadres de la compagnie qui regardent avec enthousiasme ce précieux sésame pour la lumière. Je raconte comment j'ai traversé la zone de l'interview pour cueillir cet objet et le leur rapporter, je sens qu'ils me regardent avec une sympathie nouvelle, jusqu'à ce que surgisse dans la nuit le commandant de compagnie.

— *Putain, Ancel, qu'est-ce qui vous a pris de piquer ça ? Il n'y a qu'une seule compagnie de Légion étrangère sur le site, dès demain le commandant des forces, qui est des troupes de marine, va nous accuser et nous allons nous faire secouer*

par ceux qui ne rêvent que de ça ! Reprenez ce truc et allez le
rendre immédiatement !

L'antagonisme entre les chapelles de l'armée de terre est tellement ancien et puissant qu'il conduit le plus souvent à des comportements aberrants, et je n'ai jamais compris comment on pouvait dépenser autant d'énergie à se battre contre les siens. Tabal essaie d'intervenir au nom des légionnaires dépités, pour qui ce groupe électrogène représente un peu de confort, tandis que sa perte ne semble pas effrayante pour une grande chaîne de TV. Mais le capitaine Colin est inflexible, il n'a pas l'intention de se faire remonter les bretelles dès le début de l'opération, ni d'être mis au ban des unités de combat : soit je rends le groupe, soit il me renvoie directement en France... Comprenant que je n'ai pas le choix, j'annonce que je vais le faire, sans trop savoir comment m'y prendre. Tabal propose de m'accompagner, pour cacher son amertume.

Nous rejoignons l'équipe du tournage qui rembarque encore son matériel et je leur demande, d'une voix forte pour que tout le monde entende, si cette mallette ne leur appartient pas.

– *Bon sang,* s'exclame celui qui semble diriger l'affaire, *on la cherche depuis plus d'une heure, c'est un appareil très difficile à trouver.*

Sans l'ombre d'un scrupule, je lui raconte avoir aperçu des soldats des troupes de marine passer avec, que je l'ai confisquée car ils ont la réputation de tout chaparder, et que je me réjouis de la leur rendre. Il me remercie sincèrement ; fin de l'incident, mais nous allons regretter ce trésor pendant toute l'intervention. Le capitaine Colin continuera à s'éclairer à la bougie, chaque nuit tombée, à 18 h.

Aéroport de Goma, Zaïre.
27 juin 1994

Le capitaine Colin est revenu du briefing matinal avec les félicitations du commandement pour avoir retrouvé le groupe électrogène de l'équipe TV, mais surtout avec le premier ordre d'opération depuis que nous sommes arrivés sur le *théâtre*. La frontière ouest du Rwanda avec le Zaïre est pour l'essentiel constituée par le lac Kivu. Le détachement de la Légion étrangère entrera au Rwanda par le sud du lac, les unités des troupes de marine par le nord. Cela permet au passage de séparer ces deux types d'unités, si différentes. Il ne nous reste plus qu'à rejoindre la base de départ, à proximité de la ville frontalière de Bukavu, au sud du lac.

Le capitaine Tabal organise le contournement du lac Kivu, avec un élément de reconnaissance devant, suivi d'une colonne d'une trentaine de véhicules. Ce sont essentiellement des VLRA[1], un hybride entre le camion et le pick-up, réputé pour sa fiabilité. J'embarquerai dans la Jeep du capitaine Tabal. Je ne devrais pas dire Jeep mais *P4*, qui est le modèle acheté par l'armée française à Peugeot en remplacement des antiques Jeep Willys de la Seconde Guerre mondiale. La P4 est un authentique véhicule militaire, lourd bien que non blindé, inconfortable, bruyant et vorace en carburant.

---

1. Véhicule léger de reconnaissance et d'appui.

Bords du Lac Kivu, Zaïre.
28 juin 1994

La distance à parcourir est d'une centaine de kilomètres, mais nous ne sommes manifestement pas pressés et nous ne démarrons que vers 10 h du matin. Nous prenons notre temps sur cette mauvaise piste en terre qui ne permet guère de dépasser les 30 km/h, il nous faut une demi-journée pour rejoindre l'extrémité sud du lac Kivu. La poussière soulevée par la colonne de véhicules s'engouffre sous les bâches en toile et nous recouvre inexorablement d'une pellicule rougeâtre qui nous laisserait un teint uniformément hâlé si nous n'avions pas à enlever nos lunettes de soleil.

La piste est en très mauvais état, un talus s'effondre au passage d'un VLRA qui bascule de plusieurs mètres en contrebas. Heureusement les légionnaires ont eu le temps de sauter à terre et, sans s'émouvoir davantage, se sont répartis avec leurs sacs dans les autres véhicules. Il n'est pas question de stopper notre déplacement, un camion de dépannage viendra plus tard rechercher le VLRA ou ce qu'il en restera. Mal assis sur l'étroit banc latéral à l'arrière de la P4, la tête légèrement inclinée en raison de la faible hauteur du toit, le temps me paraît long. J'observe la couleur étrange du lac Kivu, miroir immobile de nos mouvements désordonnés.

Après plusieurs heures de route, nous quittons enfin cette piste inconfortable pour bifurquer en direction du minuscule aéroport de Bukavu, qui sera notre nouvelle base. Aucune infrastructure d'accueil mais c'est une question d'habitude, nous montons rapidement nos petites tentes individuelles sur la prairie grasse et humide qui borde le chemin d'accès. Seul un estancot en tôle se dresse sur le côté de la piste d'atterrissage, il est occupé par le PC[1] des forces spéciales. Le périmètre autour de la piste est très dégagé et la compagnie met en place son dispositif de garde.

L'adjudant Marty, chef de la section de commandement, a monté une douche de fortune entre deux VLRA, avec un morceau de bâche percé de quelques trous qu'un jerrycan d'eau remplit à la demande. Je me décrasse quelques minutes, cela faisait sept jours que je ne m'étais pas lavé intégralement. C'est bref, mais le plaisir est à la mesure de l'attente et j'enfile même un treillis propre, luxe absolu dans ces circonstances. Nous ne sommes plus qu'à quelques kilomètres de la frontière rwandaise, séparés d'elle seulement par la ville zaïroise de Bukavu.

1. Poste de commandement.

Aéroport de Bukavu, Zaïre.
30 juin 1994

Nous attendons, principale activité d'une opération de ce type. Sur le minuscule aéroport de Bukavu, Colin nous présente le lieutenant-colonel Garoh qui commandera le groupement sud quand il sera en place. Il est plus petit que moi et un peu rond, en d'autres circonstances je l'aurais volontiers imaginé en consul romain. Contrairement à son physique enrobé, ses phrases sont courtes et précises. Pour l'heure il parle de la situation avec l'assurance de celui qui pense avoir déjà tout vu et compris, alors qu'il arrive seulement. Il est accompagné du colonel Sorier qui dirige les forces spéciales, tendu comme un ressort, tellement préoccupé qu'il ne semble même pas nous voir.

Le capitaine Tabal aimerait bien profiter de notre inactivité pour récupérer un peu de matériel, c'est son boulot, mais il ne peut pas s'éloigner de la base alors même que la logistique commence à approvisionner Goma au nord du Lac Kivu. Ce lac semble omniprésent dans notre situation, il me rappelle *La mort d'un lac,* d'Arthur Upfield, mais nous ne sommes pas en Australie et d'ailleurs personne ne se baigne ni ne se lave dans cette eau grise au calme inquiétant. Les médecins militaires nous ont déconseillé de l'approcher, notamment à cause des bulles de méthane qu'il renferme et des nombreux parasites qui l'habiteraient.

Tabal aimerait donc que *quelqu'un de confiance* parte discrètement à Goma pour récupérer du matos[1], en particulier des grandes tentes qui nous apporteraient un peu de confort, puisqu'on peut s'y tenir debout tout en étant protégé de la pluie et partiellement du soleil. Je suis content de lui proposer mes services, d'autant que j'ai le sentiment pénible d'avoir été d'une utilité plus que limitée.

Tabal devait s'en douter car il a déjà tout arrangé, avec un aller-retour à Goma dans un Transall des forces spéciales stationné sur le tarmac de l'aéroport de Bukavu. Le Transall est un avion de transport beaucoup plus petit qu'un Hercules, mais c'est une *brouette* rustique et appréciée en opérations. Les *forces spéciales*, qui viennent d'être créées, sont un regroupement d'unités aussi prestigieuses qu'hétéroclites et difficiles à coordonner, commandos marine à béret vert porté à l'anglaise (donc à l'envers, mais je ne sais pas de quoi), commandos de l'air inexpérimentés et un peu déguisés avec cagoules et casquettes bigarrées, commandos parachutistes de l'armée de terre à béret rouge amarante et chevilles enflées.

Cet avion et quelques pilotes leur sont dédiés, c'est le commandant du Transall qui m'accueille. Il ne travaille pas depuis longtemps pour les forces spéciales mais il en a déjà assimilé les principaux travers : sûr de lui et affublé d'un foulard invraisemblable qui sort du col de sa combinaison de vol, dont tout semble déborder. Avec des rodomontades, il me recommande de garder le plus grand secret sur les équipements spéciaux que je ne lui ai pourtant pas demandé de me présenter. Il insiste pour faire le tour des systèmes de protection et de guerre électronique *ultraconfidentiels* de son avion, systèmes sur lesquels j'avais travaillé quelques années auparavant quand

---

1. Argot militaire, pour matériel.

nous expérimentions le premier missile antiaérien portable de MATRA[1], le Mistral. Je ne prends pas la peine de le lui dire, ça retarderait notre départ.

Je peux enfin m'installer dans le cockpit, sur les sièges placés en arrière et un peu au-dessus des pilotes. Je n'échappe pas à la démonstration de tangage en vol de ce brillant commandant et, comme je crains le mal de l'air, je finis par saisir l'arrière du col de sa combinaison pour lui recommander de ne pas me rendre malade ; ça le calme un peu et nous atterrissons sobrement sur la piste de Goma.

En quelques jours, un camp s'est construit tout autour de l'aéroport de Goma avec une ceinture de protection et des tentes gigantesques pour accueillir le matériel qui arrive désormais par avion gros porteur sur la base. Pas évident de trouver dans cette fourmilière le commissaire avec qui négocier des tentes. Les commissaires sont les nouveaux intendants des armées, plus efficaces et plus arrogants aussi. J'en rencontre enfin un, mais un lourd qui souffre autant de la chaleur que de devoir traiter avec un officier peu féru de démarches administratives. Il ne manifeste aucun intérêt à mes requêtes polies, me regarde de haut en haussant les sourcils avec mépris et comme je n'ai pas beaucoup de temps, il me semble préférable de changer de ton,

– *Écoute, écoute-moi bien ! Aujourd'hui c'est moi qui viens et je suis plutôt courtois, mais les légionnaires qui m'ont envoyé, si je ne leur rapporte pas dix tentes pour la compagnie, ils reviendront les chercher eux-mêmes et ils voudront te causer en particulier, surtout si je leur raconte que tu m'as envoyé bouler…*

---

1. Société d'armement intégrée dans le groupe EADS, devenu Airbus.

J'ai donc obtenu dix tentes qu'un camion me transporte jusqu'au tarmac et un nouvel ami dans le commissariat de l'armée de terre, mais je n'ai plus d'avion : les loustics des forces spéciales sont déjà repartis, à vide, sans doute pour une mission extrêmement secrète dont il vaut mieux ne rien connaître.

Un capitaine de l'armée de l'air – la solidarité est grande entre capitaines – observe ma contrariété et me propos un *lift*[1] avec *son* Transall. Ça lui plaît de m'aider et l'organisation est encore assez primitive sur Goma pour qu'il obtienne l'autorisation de cette mission sans avoir à se justifier.

Il est déjà 18 h et la nuit tombe, nous n'avions pas vu arriver la tempête tropicale qui gronde maintenant au-dessus du lac. L'avion prend de l'altitude mais ne peut l'éviter et nous traversons des turbulences d'une rare violence. J'ai plus mal au cœur que peur, mais je ne sais pas si les effets sont si différents. L'avion est secoué dans tous les sens, craque de chaque membrure et se soulève par à-coups dans la tourmente. Les éclairs illuminent la cabine intérieure d'une lumière glaciale. Le fracas métallique du tonnerre est assourdissant. Un membre d'équipage me prévient que le pilote a hésité à faire demi-tour, mais que nous rentrons dans l'œil de ce qui ressemble à un cyclone et que nous allons tenter de nous poser dans cette fenêtre de calme relatif.

Mon cœur se soulève avec la descente trop rapide, car le pilote se laisse littéralement tomber et atterrit avec une adresse époustouflante sur la piste, stoppant net nos tourments. Je mesure son habileté et sa détermination, pas certain que son homologue *spécial* de ce matin aurait fait aussi bien. Mon estomac se joint à mon cœur pour le remercier, mais je vacille un peu en voulant rejoindre le cockpit.

---

1. De l'anglais, « transporter ».

Je suis soulagé quand la rampe arrière s'ouvre enfin sur la nuit noire et humide, le capitaine Tabal m'accueille avec un grand sourire, très satisfait de la cargaison. Derrière lui arrive le commandant d'unité, Colin, manifestement moins réjoui. Je me demande s'il va m'ordonner de restituer les tentes, mais le sujet est assez différent : l'essentiel de la compagnie a déjà quitté cette base, car nous avons reçu l'ordre de stopper l'avancée des soldats du FPR.

Colin part cette nuit pour diriger le dispositif mis en place en bordure de la forêt de Nyungwe et je dois les rejoindre à l'aube en hélico, avec les derniers renforts, pour déclencher les frappes aériennes dont ils auront nécessairement besoin. Il est très mécontent que je me sois absenté, même si c'était au bénéfice de sa compagnie, car « *l'action va commencer et on ne peut pas attendre que tout le monde veuille bien s'y joindre…* »

Les quelques légionnaires restés sur la base de Bukavu avec moi ont déjà monté cinq des tentes que j'ai rapportées de Goma pour nous abriter de la pluie torrentielle qui reprend avec la tempête. Ils m'en ont réservé une pour moi seul. Je m'installe au sec sur un lit de camp pour travailler sur les rares cartes que je possède, elles sont à jour mais dans des échelles peu précises, ou au contraire ce sont des cartes d'état-major[1], mais datant des années 1950, qui me rappellent celles que nous achetions au Cambodge sur les marchés, faute de mieux.

La forêt de Nyungwe constitue un îlot tropical sur la route menant à Kigali via Butare, à moins d'une centaine de kilomètres de notre position. Les légionnaires l'ont survolée en hélicoptère et me l'ont décrite comme très dense, quasi impénétrable pour une unité armée et motorisée, en dehors de la route nationale

---

1. Fait référence à une échelle plus précise, de l'ordre du 1/50 000°.

qui la traverse d'est en ouest, comme un canyon de verdure verticale.

Nous devons – comprendre *nous allons tout faire pour* – stopper l'avancée militaire des soldats du FPR quand ils arriveront à l'est de la forêt et qu'ils devront s'engouffrer sur cette unique route pour la traverser. Dans notre jargon, c'est un *coup d'arrêt*, qui consiste à bloquer brutalement l'avancée *ennemie* par une embuscade solidement adossée au massif forestier, à un endroit précis qu'ils ne pourront contourner.

Je n'ignore pas la difficulté de la situation, car les légionnaires n'ont pas d'armes lourdes. Même les mortiers légers dont ils disposent n'ont toujours pas leurs munitions et ce sera difficile de tenir face aux soldats du FPR connus pour leur discipline et leur endurance. Un détail, nous sommes 150, les éléments en face seraient au moins dix fois plus, rien que sur cette route. Aussi, pour contrebalancer ce déséquilibre, il nous faut les avions de chasse… et je suis bien placé pour savoir que le dispositif d'appui aérien n'est pas rôdé.

Larguer des bombes et des roquettes pour des avions qui volent à 900 km/h n'est déjà pas simple. Faire en sorte qu'elles tombent sur l'objectif plutôt que sur nos têtes réduit la marge d'erreur. C'est le job du FAC – le *contrôleur avancé* – qui doit se trouver sur le terrain à proximité des cibles pour les désigner sans confusion, éviter les tirs fratricides et assumer cette responsabilité redoutée d'autoriser le bombardement.

Je me concentre sur une dernière répétition, un *dry run*, je ferme les yeux pour visualiser les étapes d'une frappe aérienne, comme celles qui se dérouleront demain :

Arrivée en hélicoptère au soleil levant, m'installer tout de suite sur une position d'observation, protégé par la paire de légionnaires que Tabal m'a affectée, vérifier la radio sol-air.

Peut-être moins d'une heure avant le déclenchement des combats, surtout si les soldats du FPR avancent vite, ce qui semble être leur tactique.

Soleil dans les yeux jusqu'à 11 h, ne pas oublier mes lunettes de soleil.

Observer le site, repérer les positions réelles de chacune de nos équipes et identifier les coordonnées exactes des endroits probables où frapper, le *targeting*, avec le télémètre laser et le GPS.

Préparer les messages pour chaque frappe sur mon carnet.

Le point d'entrée des avions est déjà défini, à la verticale de l'entrée ouest de la forêt. Ils arrivent par deux et me contactent par radio sur mon indicatif[1] *shark 01.* Briefing réciproque, les pilotes m'annoncent leur autonomie sur zone et leur armement, je leur annonce leur première cible et la situation sur le terrain.

Guillaume, attention quand tu écris les coordonnées, barre les zéros pour éviter toute confusion avec les O.

Les avions restent à moyenne altitude pour prendre le temps d'observer la zone de combat en décrivant un hippodrome autour de la cible, hors de portée des missiles antiaériens portables de type SAM 16 que possède le FPR.

À cette altitude, surtout en situation de combat, personne ne les entend, les avions sont quasiment invisibles.

Début du guidage sur la cible, pas de désignateur laser disponible[2], je guide à la voix en partant d'un point de repère évident, même pour un pilote à 3 000 m d'altitude, comme le petit lac isolé que j'ai remarqué au nord de la route.

---

1. Nom de code d'appel sur un réseau radio, les chiffres s'épèlent un par un.

2. Une cible peut aussi être marquée par un faisceau laser qui *éclaire* le point à frapper.

Le repère de distance est à fixer par moi – on n'en a aucune notion à cette altitude – l'unité de référence sera la distance entre deux repères.

Les pilotes m'annoncent quand ils ont acquis visuellement la cible, *in sight*, et me posent une contre-question pour s'assurer une dernière fois que nous parlons bien de la même cible, « *quelle est la couleur du premier véhicule ?* »

Si c'est une question sur la couleur, contrôler auprès du légionnaire qui m'escorte que c'est la bonne.

Quand tout se recoupe, le chef de patrouille me demande alors l'autorisation de frapper.

Vérifier encore une fois ce que tu aurais pu négliger.

Tabal frappe au poteau métallique de la tente pour s'annoncer et j'ouvre les yeux brusquement. Je le fais entrer, la pluie s'est remise à tomber. Il veut me proposer un fusil d'assaut FAMAS pour demain, mais j'ai le sentiment d'être suffisamment encombré avec tout mon matériel et je trouve un mauvais prétexte pour le refuser,

– *Il ne sera pas réglé à ma vue, donc peu précis, je préfère ton escorte de deux légionnaires, ce sera plus efficace si ça se rapproche de moi.*

Tabal me prévient aussi que dans mon escorte, le sergent-chef est séropositif, je devrai faire attention s'il était blessé. Cette information confidentielle n'est donnée que lorsque le risque est avéré. Il pressent donc que ça va cogner demain.

Un peu gêné que je me sois fait engueuler pour l'opération logistique qu'il m'avait lui-même confiée, il veut partager son sentiment sur la mission de combat qui nous attend. Comme la plupart des légionnaires, il regarde avec circonspection les forces spéciales, considérant qu'il vaut mieux avoir des équipes spéciales dans les unités conventionnelles que des forces spéciales agissant *sous couvert* et souvent hors de contrôle, ce qu'il résume cruellement par cette formule : « *forces spéciales, conneries spéciales* ».

Tabal pense que nous sommes missionnés pour stopper les soldats du FPR parce que ces forces spéciales avaient pour mission de les trouver mais sont incapables de leur résister.

[En parallèle se déroule le drame de Bisesero, collines proches où ces mêmes forces spéciales ont découvert trois jours auparavant, le 27 juin, les rescapés des massacres conduits quotidiennement par des éléments du gouvernement rwandais. Les forces spéciales ont alors reçu l'ordre… de ne pas y retourner. Mais en ce 30 juin, plusieurs de leurs cadres choqués par la situation ont décidé de « se perdre » pour retrouver les rescapés, attirer l'attention des médias et forcer le commandement à leur porter enfin secours.

Ce 30 juin donc, les équipes des forces spéciales sont en réalité mobilisées pour cette mission de secours, et c'est pour cela que nous devons reprendre la mission principale de cette *opération humanitaire*, qui est de stopper les soldats du FPR. J'y reviendrai plus tard, quand je réaliserai l'importance de cet épisode, dont nous ignorons tout à cet instant.]

Dès le départ de Tabal, je reprends la répétition sans me déconcentrer : les pilotes ont repéré la bonne cible, ils sont prêts à frapper. Si tout est OK de mon côté, je leur donne le *clear hot* qui les autorise, sous ma responsabilité, à bombarder. Les pilotes annoncent alors *TALLYHO*, le cousin anglais du *taïaut* de la chasse à courre, pour prévenir qu'ils vont frapper.

Je visualise les deux avions qui plongent sur leur cible. À une vitesse proche du son, on ne les entend qu'au dernier moment. Les pilotes ont quelques secondes seulement pour viser leur cible, une colonne de véhicules, un pont ou une position de tir avec leurs bombes de 250 kg, leurs roquettes et leurs canons.

Croiser les doigts pour qu'il n'y ait pas eu de confusion – on le sait très vite – je vois dans ma tête l'éclair des déflagrations, puis avec un léger décalage le bruit des explosions, les nuages de fumée, et plus tard l'odeur âcre du cramé.

Les avions remontent en chandelle vers leur altitude de protection, en éjectant des leurres sur les côtés pour éviter d'éventuels missiles. Je dois évaluer le degré de destruction de la cible, le *bomb damage assessment*, pour décider s'il faut frapper à nouveau ou passer à l'objectif suivant.

S'ils sont trop courts en pétrole ou endommagés, les avions annoncent RTB, Return To the Base, *je les remercie même si nous sommes dans l'ennui. Boire régulièrement pour ne pas se déshydrater, c'est la première erreur quand on est pris dans l'action. Respirer calmement, ne pas se laisser déconcentrer par les explosions et les sifflements inquiétants des projectiles : ils sont déjà passés quand on les entend...*

C'est clair dans ma tête et je termine de préparer mes documents, les cartes sont dans le bon ordre, le GPS semble fonctionner, j'ai les codes d'autorisation et d'annulation des frappes. Je range tout dans mes sacs, demain nous décollerons à l'aube pour rejoindre la compagnie de légionnaires, prête à un combat inégal. Je vérifie machinalement les trois chargeurs de mon pistolet automatique, pression sur la munition du dessus pour tester la souplesse du ressort, une tape sur l'arrière pour aligner les munitions, fonctionnement de la culasse et propreté du canon. Je replace l'arme dans mon brêlage de combat disposé autour du sac à dos comme sur un serviteur muet, je suis prêt.

J'aime ce genre de situation, la tension qu'elle engendre, l'impression d'être nu, les faux-semblants laissant place à la réalité crue de chacun d'entre nous. Mais les conditions sont vraiment mauvaises, sans compter la météo déchaînée qui pourrait, si la tempête se prolongeait demain, empêcher les avions d'intervenir.

À la lueur faiblarde de ma lampe frontale, je regarde maintenant le sol boueux sur lequel la tente a été montée pré-cipitamment, puis la poutrelle métallique au-dessus de ma tête qui soutient la toile auréolée par le trop-plein de pluie. Je me sens seul et je suis parcouru d'un frisson.

Je me revois prenant le train à Lyon-Perrache pour rejoindre l'École Spéciale Militaire de Saint-Cyr au cœur de la forêt de Brocéliande, j'avais 19 ans et hâte de quitter le berceau familial, un milieu d'industriels du textile et d'entrepreneurs. Accueilli comme un OVNI à Coëtquidan pour des années de formation, j'ai essayé de montrer que j'avais toute ma place dans une armée en pleine évolution. Je me rappelle ces entraînements épuisants et répétitifs, occasions forcées d'explorer ses limites, souvent plus morales que physiques. Je pense au soutien per-manent de ma femme, l'incompréhension grandissante d'une large partie de ma famille, qui s'est réduite progressivement à un cercle restreint autour de nos enfants. Des enfants tellement importantes que je les ai laissées, et à mon tour je suis seul, dans une tente sombre, froide et humide, à préparer les armes que je vais porter demain.

Je m'oblige à stopper là ma réflexion. Je m'allonge sans enlever ma tenue de combat, à même la toile du lit de camp, tout mon équipement à portée de main.

Un caporal-chef vient me toucher l'épaule, j'ai la désagréable impression de ne pas avoir eu le temps de m'endormir.

– *Mon capitaine, c'est l'heure.*

Aéroport de Bukavu, Zaïre.
01 juillet 1994

Encore une toilette réduite au brossage des dents, une tasse de thé sur mon réchaud, mes idées s'éclaircissent et j'arrive enfin à me souvenir de mes dernières pensées avant d'avoir sombré dans ce sommeil trop court. Je m'équipe, gilet et casque en kevlar – pas de masque à gaz – j'arme mon SIG pour qu'il soit prêt à faire feu, une balle engagée dans la chambre. Instinctivement je tâte mes poches de pantalon, mes chargeurs supplémentaires, une grenade défensive pour les situations délicates, tout le petit matériel réparti dans trois pochettes sur mon brêlage de combat, la trousse de secours, les *dogtabs*[1] autour du cou.

Je ferme mes sacs, m'assure encore une fois de ne rien avoir oublié dans un coup de fatigue ou de fatale inattention, il est temps d'y aller. J'écarte la toile rêche et humide de la tente pour sortir dans la nuit encore noire, la pluie a cessé mais le froid engourdit mon corps mal réveillé. J'allume ma maglite[2] pour voir où je vais, d'autres faisceaux me rejoignent, Tabal et plusieurs de ses hommes ; nous ne parlons pas, nous savons ce que nous avons à faire.

Nous rejoignons le tarmac, sur lequel nous attendent cinq hélicoptères de transport SUPER PUMA. Le sifflement de leurs

1. Plaquettes d'identification, en métal, portées autour du cou, elles sont censées faciliter l'identification des corps.
2. Lampe torche, robuste et résistante aux intempéries, le modèle bâton peut aussi servir de matraque.

turbines crisse dans nos tympans. Les lumières de position des
hélicos forment une ligne vers l'est où le ciel s'éclaire lentement
des signes précurseurs du lever du jour. Nous embarquons dans
le premier hélicoptère, sur ces sièges en toile toujours trop
étroits, les sacs comprimés entre nos genoux. Les visages des
légionnaires sont fermés. L'intérieur de la cabine est faible-
ment éclairé par une lumière blafarde qui ajoute au sentiment
de tension. J'observe Tabal, très concentré sur la suite, il me
renvoie sa mine confiante, celle de la Légion étrangère qui ne
doute pas, ne tremble pas.

Plus un mouvement, les pilotes ont terminé leur procédure
de décollage, les rotors se mettent à tourner, faisant vibrer tout
l'appareil. J'aperçois par la porte latérale, grande ouverte, la
courbe d'un soleil orangé qui émerge maintenant à l'horizon.
Notre hélico se soulève par l'arrière, les têtes rentrent dans les
épaules, la mission est lancée, nous partons au combat.

Brusquement, sur le tarmac, un officier surgit de l'estancot
qui sert d'état-major aux forces spéciales et fait signe, les bras
en croix, de stopper immédiatement l'opération. L'hélicoptère
atterrit brutalement, à la surprise générale. Je défais ma ceinture
de sécurité et saute par la porte pour rejoindre le stoppeur, c'est
le capitaine de Pressy en charge des opérations pour ce secteur.
Il comprend à ma mine mauvaise que j'ai besoin d'explications.

— *Nous avons passé un accord avec le FPR, nous n'enga-
geons pas le combat.*

Les rotors s'immobilisent et les hommes descendent sans
attendre des cabines restées ouvertes, avec leurs sacs immenses
et leurs armes sur l'épaule.

Tabal me rejoint avec calme, et Pressy reprend :

— *Les Tutsi stoppent leur avance et nous allons protéger
une zone qu'ils n'occupent pas encore, à l'ouest du pays. Ce
sera une « zone humanitaire », qui passe sous notre contrôle.*

– *Si je comprends bien, on renonce à remettre au pouvoir ce qui reste du gouvernement ?*

– *Oui, pour l'instant, nous allons vite voir quel cap nous prenons maintenant.*

Tous ces militaires étaient déterminés à aller se battre et ils ont été stoppés dans leur élan, comme si au bout de la nuit un responsable politique avait enfin décidé que ce combat ne pouvait pas avoir lieu. Les soldats désarment bruyamment leur arsenal après avoir ôté les chargeurs. Nous sommes un peu groggy, à la fois soulagés mais aussi frustrés.

Je retourne aux grandes tentes avec Tabal, qui se moque gentiment en s'interrogeant sur la fonction que je vais maintenant pouvoir occuper. J'étais le responsable des frappes aériennes, il me propose de devenir « responsable des frappes humanitaires », ironisant sur la tonalité nouvelle et un peu surprenante de notre intervention, car c'est la première fois que nous entendons parler d'*humanitaire*.

Je me suis endormi lourdement, fatigué par la pression accumulée lors des heures et des jours précédents. Après un réveil pâteux, nous faisons un déjeuner pantagruélique composé du fameux poulet à l'indienne, menu n° 3 de nos rations. Nous plaisantons avec les cadres de la compagnie qui préparent du café pendant que je bois mon demi-litre de thé. Les esprits se détendent, la tempête est passée, mais ce n'est pas pour autant la fin de la mission, juste un tournant important.

J'aimerais écrire à ma femme que tout va bien, et je commence une lettre sur mon bloc-notes, à l'abri de la tente. J'aimerais lui dire que je suis soulagé que nous n'ayons pas engagé le combat ce matin. Plus j'y réfléchis, plus je pense que nous aurions eu fort à faire avec ces soldats du FPR, dopés par leur succès et la rage de venger leurs morts. J'imagine le point de bascule comme le col étroit d'une montagne : surpris, persuadés que nous sommes en force, inquiets de la puissance des premiers affrontements, ils auraient pu refluer rapidement... ou grisés par la vitesse de leurs pick-up défoncés, conscients de leur nombre, bien commandés, ils auraient pu tout autant persévérer et enfoncer rapidement nos lignes, nous dépassant alors et nous encerclant sans que nous n'ayons de réelles possibilités de repli. J'ai de mauvaises pensées et m'arrête là. J'écrirai plus tard.

Le capitaine Colin devait nous rejoindre dans l'après-midi mais Tabal nous informe qu'il veut que nous nous regroupions aussi vite que possible sur un camp de réfugiés dont la compagnie assure désormais la protection. Avec les légionnaires encore présents sur la base, nous partons pour la première fois au Rwanda, par la route.

Traversée de la ville de Bukavu, agglomération laide et sans âme, succession d'immeubles défoncés et de constructions inachevées. La route principale nous emmène jusqu'à la frontière, marquée par une rivière se jetant dans le lac Kivu. Le poste-frontière zaïrois proprement dit est en contrebas, juste avant le pont métallique qui enjambe à faible hauteur le cours d'eau. Je regarde avec attention notre destination, elle ressemble évidemment à cette partie du Zaïre que nous venons de traverser, collines arrondies, cultures verdoyantes et arbres immenses qui respirent en ondulant. De l'autre côté du pont, j'aperçois une guérite crasseuse, abandonnée, et une population désemparée qui hésite encore à traverser.

Nous franchissons le pont métallique et roulons maintenant du côté rwandais, dans la petite ville de Cyangugu que nous traversons rapidement dans un nuage de poussière, pour prendre pied plus au nord sur un minuscule aérodrome qui nous servira de base. Cyangugu est beaucoup plus petit que Bukavu, il me semble qu'il n'y a pas vraiment d'immeubles hauts, juste des maisons sur un ou deux étages et une impression riante qui contraste avec le Zaïre voisin.

Colin nous attend sur l'aérodrome et nous repartons sans attendre vers la sortie est de la ville, pour rejoindre à quelques kilomètres un impressionnant camp de réfugiés, établi en terrasse sur le flanc d'une colline, de l'autre côté d'un col. L'endroit s'appelle Nyarushishi.

De retour de la forêt de Nyungwe ce matin, Colin a été arrêté par une Land Rover de la Croix-Rouge internationale, martelée de coups de machettes. Le médecin suisse au volant cherchait désespérément de l'aide pour empêcher les miliciens de rejoindre le camp de réfugiés et massacrer ses occupants, pour l'essentiel des Tutsi et des familles mixtes qui doivent craindre la folie de tous les extrémistes. Quelques légionnaires avaient bien assuré la relève du maigre détachement des forces spéciales censé sécuriser la zone mais leur effectif ne semblait guère dissuasif pour un site aussi étendu face à des miliciens en nombre. Colin a tout de suite compris l'importance du sujet et suivi le Dr Grosser jusqu'à Nyarushishi. Estimant le danger *réel et imminent,* il a décidé d'y regrouper l'essentiel de la compagnie pour assurer une protection nettement plus importante, adaptée à la dimension du camp. Les réfugiés ont cependant été saisis de panique en voyant arriver les véhicules de la Légion et il a fallu toute la persuasion de l'équipe de la Croix-Rouge pour dissuader les milliers d'occupants de s'enfuir vers une mort certaine.

Colin a installé la nouvelle base de la compagnie dans le hameau qui servait d'école, avant les massacres, juste au-dessus du camp de réfugiés. Les légionnaires surveillent désormais l'intégralité du périmètre du flanc de colline où les rescapés sont abrités dans des huttes arrondies, formant un immense hémicycle mêlant le rouge poussiéreux de la latérite et le bleu électrique des bâches plastiques.

Nous posons nos affaires dans l'école en pisé, premier abri en dur depuis notre arrivée et nous allons rencontrer le Dr Grosser qui dirige ce camp du CICR. C'est un vieux médecin suisse, au corps sec comme sa diction, mais dont le regard ne peut cacher l'émotion,

— *Je pensais que c'était fini, j'ai été prévenu qu'un groupe de miliciens allait venir raser ce camp. Près de 10 000 personnes y sont réfugiées. Et puis j'ai trouvé votre capitaine commandant qui m'a fait l'honneur de me croire et de venir jusqu'ici. Les miliciens étaient déjà en bas de la route, ils n'osent plus approcher maintenant, il s'en est fallu de quelques heures.*

Le Dr Grosser est un ancien médecin militaire, il n'a pas froid aux yeux, sans doute une sacrée expérience, mais je crois qu'il a eu la peur de sa vie. Après s'être assuré qu'aucune oreille mal intentionnée ne traîne, il demande si nous resterons bien en protection du site, malgré la stricte politique de neutralité de la Croix-Rouge. Nous le rassurons avec Tabal, en précisant néanmoins que nul ne peut s'engager sur la durée de notre mission, c'est une zone humanitaire… temporaire.

Le Dr Grosser nous emmène visiter le camp, l'infirmerie, puis les quartiers qui quadrillent l'espace et le système de distribution de vivres aux réfugiés. Ces derniers, comme les employés, sont encore interloqués par notre apparition, ils observent avec attention notre calme et nos sourires, puis viennent nous parler et très vite se pressent autour de nous. Au silence inquiet succèdent les bruits familiers des milliers de personnes qui se sont regroupées dans cet espace maîtrisé. Je sens aussi cette odeur particulière, celle de la peur. La Croix-Rouge a organisé le camp avec une précision toute suisse, mais cette odeur ne se range pas.

Nous retournons à la compagnie, au sommet de la colline où règne une atmosphère bon enfant, les légionnaires apprécient les toits à peu près en état et le robinet d'eau dans la cour.

Tout le monde s'installe avec une certaine décontraction pour camper dans ce luxe inhabituel. L'ambiance sonore est étrangement semblable à celle du camp de réfugiés que nous avons à protéger.

Il est 18 h, la nuit tombe. Colin allume une de ses fameuses bougies... À mon tour, je sors d'un sac une lampe néon alimentée par un petit panneau solaire intégré, du matériel prêté pour expérimentation par SPELEMAT, un magasin qui équipe à Lyon les expéditions de spéléologie et de montagne. L'effet est spectaculaire, et ça nous évite de reparler du groupe électrogène. Je suis fier d'apporter autant de lumière dans la petite pièce en terre battue où nous nous sommes établis, un peu moins quand elle s'éteint brusquement au bout d'une heure à peine.

Les légionnaires nous ont trouvé une table et quatre chaises, nous devisons autour de notre boîte de ration – soupe et poisson en sauce – bien loin des mess rutilants de *La Grande Illusion*.

Bukavu, Zaïre.
02 juillet 1994

Colin me demande d'aider les forces spéciales qui ont prévu d'évacuer des bonnes sœurs en hélico mais sans savoir où elles pourraient être accueillies. L'évacuation de congrégations religieuses semble une préoccupation constante de cette mission ; elle m'apparaît invraisemblable dans cette situation, comme si en les sauvant nous allions sauver nos âmes.

Je pars pour l'archevêché de Bukavu, du côté zaïrois, où je demande à être reçu par l'évêque. Celui-ci se fait prier et me laisse attendre dans une antichambre désespérante de silence. Manquant de patience ou peut-être parce que j'ai trop attendu, je quitte la pièce pour chercher âme qui vive, en l'occurrence un secrétaire embarrassé qui m'explique combien son Excellence est occupée. Alors je lui demande si *le petit-neveu de monseigneur Ancel pourrait le déranger quelques instants.* L'évêque sort aussitôt de son bureau, intrigué par cette requête. Il m'observe avec effarement car mon grand-oncle, fondateur du mouvement des prêtres ouvriers, l'avait ordonné prêtre, des décennies auparavant.

Je l'ignorais totalement, mais il m'écoute maintenant avec attention. Je lui raconte que nous cherchons à héberger une quinzaine de sœurs qui vont être évacuées du Rwanda. Il me dit avec lassitude que son évêché a déjà accueilli plusieurs réfugiés et qu'il n'a pas vocation à se transformer en camp de rescapés. Je réponds par un silence et un sourire auquel il ne peut échapper.

Il convient finalement que ce ne sera pas difficile de s'en occuper et accepte que nous les amenions. Il ne sait pas encore que des centaines de milliers de réfugiés traverseront Bukavu dans quelques jours pour chercher de l'aide…

J'indique aux hélicos du COS[1] les coordonnées du terrain de sport qui jouxte l'archevêché, comme zone d'atterrissage. Les pilotes font sans doute une erreur de manipulation de leur GPS et passent au-dessus de nous sans s'arrêter. Comme je suis entraîné à guider des avions de chasse, cela me semble étrange de devoir ramener sur la bonne trajectoire ces gros bourdons lents et faciles à manœuvrer. Les pilotes trouvent enfin le terrain de foot sur lequel ils se posent avec une brusquerie inattendue. En surgissent des commandos survoltés aux flingues menaçants et aux cagoules ridicules dans ce contexte. Le légionnaire qui m'escorte me regarde avec désarroi, les commandos se précipitent vers nous et ne sont pas loin de nous braquer quand je leur rappelle, le combiné radio à la main, que je suis en train de les guider… ils baissent enfin leurs armes. Nous pouvons parler,

– *L'évêché va prendre en charge les sœurs, ce n'est pas la peine de faire le grand jeu, il n'y a aucune menace ici.*

Le chef de détachement, un peu penaud, m'explique qu'une certaine confusion règne dans leurs missions et qu'il ne sait plus très bien comment s'y prendre. Les sœurs entrent dans l'évêché, j'ai l'impression qu'elles ont surtout été stressées par leur évacuation sous haute tension.

De retour au camp de réfugiés de Nyarushishi, je régale mon auditoire du récit de cette exfiltration héroïque pour quelques sœurs dont je ne suis même pas sûr qu'elles étaient menacées. Colin semble préoccupé par la tournure que prend notre mission,

1. Commandement des opérations spéciales, qui regroupe les forces spéciales.

devenue humanitaire seulement quand Paris a cessé de soutenir les forces gouvernementales.

Il donne aux chefs de section des consignes strictes de comportement vis-à-vis des réfugiés du camp et en particulier des femmes. Il explique à ses subordonnés rassemblés que le moindre écart serait immédiatement utilisé contre nous et il interdit formellement toute relation sexuelle avec les réfugiés, même si les légionnaires étaient sollicités, pour leurs beaux yeux ou à titre payant. Pour s'assurer d'être bien compris, il rajoute – avec son air carnassier – que *c'est un ordre*.

Dans la nuit, des cris nous réveillent. Un officier nous prévient que ses hommes ont repéré plusieurs intrus qui ont profité de l'obscurité pour pénétrer dans le camp, mais les jumelles de vision nocturne ont permis de les détecter. Des hurlements jaillissent de tous les abris de réfugiés, expressions de panique autant que moyen de protection. Il faut faire vite, ces intrus ne cherchent certainement pas une place pour la nuit mais plus vraisemblablement à terroriser les rescapés et à discréditer la protection de l'armée française.

Nous nous équipons à toute vitesse, les sections se déploient pour ceinturer le camp et essayer de trouver les agresseurs. Tabal me confie à un garde du corps, un des grands légionnaires qui devait m'escorter pour les combats de Nyungwe. Il parle bien français, et me dit sa réticence à l'idée de pénétrer de nuit dans ce camp parmi les réfugiés. Il sait que sous le coup de la peur, ces hommes plongés dans la misère sont capables des pires violences. Je lui donne des consignes simples pour répondre à son appréhension,

– *Tu viens avec moi, ne me lâche pas d'une semelle, si ça tourne mal, on se met dos à dos et on flingue.*

Ça lui semble suffisamment clair pour m'accompagner sans plus d'hésitation. Nous dévalons la pente jusqu'au milieu du camp où règne une mêlée confuse. Nous débouchons sur une des pistes droites qui séparent les différents quartiers du site. Les réfugiés s'écartent et retrouvent un semblant de calme en nous voyant. Un vieux monsieur à la barbe grise s'approche pour m'expliquer, avec flegme et précision, que les intrus sont au nombre de trois, qu'ils viennent de la milice qui les menaçait le jour précédent et qu'ils étaient armés de machette, alors « *ils les ont assommés, mais pas tués* ».

Je le félicite et lui propose d'en faire des prisonniers, *si cela lui convient*. D'une voix qui fait autorité, il annonce à la foule que le danger est écarté, que « *les soldats français les protègent des miliciens* », ce qui ne semblait pas être une évidence jusque-là…

La cohue disparaît aussitôt et ne reste plus devant nous qu'une poignée d'hommes, tenant sous la menace de leur bâton les trois intrus qui peinent à se redresser. Mon légionnaire d'escorte prévient la compagnie par radio, et les miliciens sont amenés sous bonne garde dans notre camp comme prisonniers ; ils ont échappé aussi à une mort certaine, celle-là même qu'ils venaient apporter.

Tabal sourit à mon retour, il trouve intéressant mon *mode opératoire*. Mon garde du corps a déjà raconté aux autres légionnaires comment nous étions rentrés les premiers dans le camp *avec un flingue dans une main et une maglite matraque dans l'autre*. Par expérience, quand ça barde, je préfère aller vite plutôt qu'être attendu.

Bukavu, Zaïre.
03 juillet 1994

Rendez-vous avec la *reco* de l'antenne chirurgicale sur l'aérodrome de Bukavu, notre base précédente côté zaïrois. Deux toubibs m'attendent là, fraîchement arrivés par avion, pour préparer l'implantation de leur hôpital de campagne. Les toubibs sont faciles à repérer ; en militaires, ils ont toujours l'air déguisés, uniforme sans forme, ceinturon démesuré, béret porté comme une coiffe universitaire et sourire aux lèvres. Je les embarque dans notre P4 conduite par un légionnaire. Ils veulent voir le stade de Cyangugu, dont ils pensent que la surface ferait l'affaire. Celui-ci est indiqué sur ma carte, en bordure de la petite ville, sur une hauteur.

Nous arrivons en moins d'une demi-heure sur le terre-plein devant l'entrée du stade. Il est entouré d'un haut mur de pierre que seul un grand portail métallique bleu permet de franchir. Le portail est entrebâillé, nous pénétrons à pied sur la pelouse du stade de Cyangugu. Il règne une atmosphère étrange : personne, pas un bruit, mais j'ai l'impression d'être entouré de gémissements et instinctivement je sors mon pistolet. Dans le même mouvement le légionnaire qui nous escorte a armé son fusil d'assaut, les deux médecins se sont tus et placés derrière nous. À droite les tribunes sont vides, toujours personne, toujours ce malaise qui nous saisit. Un vent sombre envahit le terrain que traversent des ombres inquiétantes…

Nous n'avons absolument rien trouvé sur le stade. Le capitaine Tabal nous a rejoints pour organiser la sécurisation du site avec quelques légionnaires. Les toubibs veulent monter leur antenne le plus vite possible pour aider la population qui n'attend que cela, car tous les services qui structurent la vie quotidienne ont implosé avec la guerre. Il n'y a plus de personnels soignants en poste à Cyangugu, ni d'électricité, d'eau courante ou de police... Ces infrastructures, auxquelles nous ne prêtons même plus attention dans nos sociétés, ont tout simplement disparu.

Nous escortons les médecins jusqu'à l'aéroport de Cyangugu où ils se logent temporairement avec l'état-major du groupement sud, en attendant leurs matériels et leurs équipes qui doivent les rejoindre dès le lendemain matin. Nous partageons nos rations de combat autour d'une grande table en bois qui sert de lieu de vie à l'état-major. Les toubibs nous racontent des histoires hors du commun, comme ce patient autour duquel des chirurgiens se disputaient sur l'intérêt d'opérer sans savoir qu'il n'était pas encore anesthésié. Ils ne cessent de m'étonner avec leur esprit original et affûté. Leur arrivée nous donne ce sentiment rassurant que la situation s'améliore un peu, à défaut de se normaliser.

Nous apprenons aussi que les miliciens avaient rassemblé sur ce stade de Cyangugu, bien avant notre arrivée, des centaines de Tutsi. Ils venaient se servir, jour après jour, pour perpétrer leurs massacres à coups de machette. J'ai pourtant parcouru l'ensemble du terrain sans trouver aucune trace de leur présence, plus rien de visible, tout avait été soigneusement nettoyé, effacé, à l'exception de cette sensation lugubre, même en plein jour.

Aéroport de Cyangugu, Rwanda.
04 juillet 1994

Le lieutenant-colonel Garoh a réuni des représentants de toutes les unités du groupement sud pour nous briefer à son état-major. Les forces gouvernementales rwandaises ont réalisé que l'armée française n'interviendrait plus en leur faveur et ne peuvent donc plus espérer gagner la guerre. Elles battent en retraite vers le Zaïre, dans un immense désordre, et obligent toute la population croisée sur leur passage à les accompagner dans leur déroute, provoquant un véritable exode. Les réfugiés affluent vers les deux points de sortie de part et d'autre du lac Kivu, au nord Goma et au sud Cyangugu, pour passer au Zaïre. Des milliers de personnes se déplacent, démunies de tout et sans réelle destination.

Garoh s'interroge sur les bonnes décisions à prendre dans cette situation que nous n'avions pas anticipée. Les légionnaires respectent une discipline de fer, mais chaque action est précédée de discussions sévères, d'autant que nos vies sont aussi en jeu.

— *Nous ne sommes pas nombreux, qu'est-ce qu'on peut faire pour stabiliser une partie de la population et éviter un désastre humanitaire ?*

Je propose une mesure qui me trotte dans la tête depuis que nous avons établi cette « zone humanitaire sûre »,

— *Nous pourrions désarmer tout ce qui entre dans notre zone, même les FAR (forces gouvernementales), cela ferait au moins baisser le nombre d'armes en circulation et la dangerosité des bandes.*

Garoh réagit aussitôt,

– *C'est ce que nous avons essayé de faire à Mogadiscio pendant l'opération en Somalie, mais les Américains nous en ont empêchés au nom de leur connerie de* droit constitutionnel à disposer d'une arme *et nous avons dû repartir sous le feu des milices quelques semaines plus tard. Je suis d'accord sur le principe, mais si nous faisons cela maintenant, les FAR pourraient se retourner contre nous alors qu'ils sont vingt fois plus nombreux et totalement désespérés. La situation ne ferait qu'empirer.*

Malvaud, son *officier rens*[1], intervient sans attendre,

– *Désolé, pas d'accord, les FAR ont perdu, nous avons renoncé à les soutenir. Si nous leur laissons leurs armes, ils se transformeront en bandes et nous ne maîtriserons vraiment plus rien. En plus du chaos, nous allons y laisser des plumes. Ancel a raison, il faut désarmer tout ce qui passe dans notre zone, ça fera autant d'armes et de menaces en moins.*

Garoh hésite, peut-être a-t-il eu une discussion similaire peu de temps avant avec l'état-major de l'opération Turquoise ?

---

1. Officier en charge du renseignement.

Bukavu, Zaïre.
05 juillet 1994

Le Quai d'Orsay nous a faxé, via l'état-major de Garoh, une demande de recherche de rescapés initiée par la Belgique. Nous avons le nom d'une famille originaire de Butare, dont nous retrouvons des membres enregistrés sur le camp de réfugiés de Nyarushishi.

Ces derniers nous racontent, non sans crainte, qu'une partie de leur famille serait cachée dans un village 20 km plus à l'est. Colin me demande de diriger une mission de récupération avec un détachement de sa compagnie. Il me recommande la prudence pour ce genre d'opération qui peut évoluer du simple *lift* au déclenchement d'une émeute.

Nous partons avec deux VLRA, quelques légionnaires et pour guide un membre de la famille, qui ne peut cacher son effroi. Je l'installe entre le conducteur et moi pour le rassurer – il y a trois places de front dans cette camionnette tout-terrain – et nous rejoignons, sans autre difficulté que la lenteur de nos véhicules, une ferme délabrée où se terre effectivement un groupe de rescapés tutsi. Ils sont tellement épuisés qu'ils montent dans nos véhicules sans poser plus de question et nous pouvons les réunir sur le camp de Nyarushishi, à la grande joie de ceux qui s'y étaient déjà réfugiés et avaient renoncé à les chercher.

Les Belges nous ont indiqué aussi un point de contact au Zaïre pour s'occuper de ces rescapés et nous les conduisons sous escorte, mais sans plus de difficultés, dans les environs de Bukavu. La frontière zaïroise est à peine « gardée », nous la traversons rapidement pour rejoindre une mission religieuse en pleine nature, des bâtiments en briques soigneusement ordonnancés et encadrés de massifs de fleurs un peu stricts dont seuls des oiseaux de paradis semblent vouloir s'échapper.

Un missionnaire belge nous accueille avec une grande gentillesse, d'une voix douce il organise en quelques minutes la prise en charge du groupe de rescapés qui regardent sans trop y croire ce havre de paix. Le doyen du groupe nous remercie, les larmes aux yeux, nous avons pourtant le sentiment d'avoir fait bien peu.

Le père m'emmène prendre un rafraîchissement et me dit sa surprise que nous prenions soin de rescapés tutsi tandis qu'il en a accueilli en grand nombre ces derniers mois. Je lui réponds que c'est notre mission, mais son regard est encore plus dubitatif que son silence.

Un autre prêtre belge nous rejoint et me faire part de son inquiétude, alimentée par les récits de réfugiés, « *les soldats français boucleraient la frontière pour empêcher les rescapés de s'enfuir du Rwanda* ». Nous venons pourtant de faire la démonstration du contraire, aussi je mesure combien il est difficile de lutter contre les rumeurs entraînées par la peur.

Cyangugu, Rwanda.
06 juillet 1994

L'état-major du groupement sud a enfin donné l'ordre de mettre en place deux check points de désarmement, à l'entrée de la forêt de Nyungwe et au pont frontière de Cyangugu. Il semble que la décision n'ait pas été facile à obtenir, comme s'il ne fallait pas désarmer ces *unités* que nous avons soutenues bien trop longtemps.

[En fait, je n'ai rencontré aucune unité militaire rwandaise *constituée* et normalement commandée pendant cette opération Turquoise, mais seulement des hommes en armes, débraillés et menaçants, bien difficiles à distinguer des miliciens. Nous pensions que les militaires des FAR se battaient contre le FPR, alors qu'ils se consacraient essentiellement à un autre combat, massacrer les Tutsi, détruire ces hommes et ces femmes, abattre les plus jeunes comme les plus âgés. Pour le savoir, il suffisait d'observer et d'écouter leurs récits car ils ne s'en cachaient même pas.]

Je pars voir comment le désarmement fonctionne, accompagné de deux légionnaires de la compagnie. Nous traversons Cyangugu et, sur la route principale, nous rejoignons une marée humaine ou plutôt un flot inhumain de réfugiés, portant sur leur tête ce qui leur reste ou qu'ils ont cru bon de piller dans leur fuite angoissée. Certains emmènent une porte en bois ou des barreaux métalliques de fenêtre, d'autres des isolateurs de lignes électriques ou quelques briques fraîchement arrachées aux bâtiments publics.

Nous roulons jusqu'au pont frontière, à très faible allure pour ne pas les brusquer. Un groupe de légionnaires a installé un barrage filtrant et fait déposer en tas les armes de tous ceux qui en portent. Plusieurs dizaines de fusils d'assaut de type GALIL[1] s'amoncellent déjà en une sinistre pyramide de fin de règne. Les réfugiés traversent ensuite le pont et se font racketter par les « douaniers » zaïrois qui s'en donnent à cœur joie. Le spectacle me flanque la grisaille, j'imagine sans peine le destin tragique de ces personnes à qui il ne reste plus rien.

À trois reprises, je stoppe des réfugiés pour leur demander pourquoi ils se jettent ainsi sur la route et ce qu'ils espèrent trouver. Je leur offre une brique d'eau en contrepartie du temps qu'ils m'accordent et j'obtiens chaque fois la même réponse désolée : des hommes en armes leur ont ordonné de partir vers le Zaïre et ne leur ont pas laissé le choix. Ils devaient partir, sinon mourir.

C'est un exode déclenché par ce qui reste du gouvernement rwandais auquel nous assistons, sans vraiment réagir. Ces réfugiés partent pour nulle part et il faudra peu de temps pour qu'une épidémie de choléra ne transforme cet exode en un nouveau drame humanitaire, fauchant ces désespérés par dizaines de milliers. Je ne comprends pas que, en ayant brusquement retiré notre soutien à un régime extrémiste, nous leur ayons laissé les mains libres pour continuer à nuire...

Le chef de groupe de la Légion, un jeune sergent, revient de la forêt de Nyungwe où nous voulions arrêter l'avancée des soldats du FPR quelques jours auparavant. Il est resté jusqu'à ce matin en surveillance de la route nationale, au débouché

---

1. Fusil d'assaut de conception israélienne, assez répandu en Afrique.

de la forêt. Il me raconte comment ses légionnaires ont remarqué, non sans émotion, que les groupes de réfugiés rentraient avec de nombreux enfants à l'est de la forêt mais que la plupart d'entre eux avaient disparu en ressortant à l'ouest. La forêt de Nyungwe avait englouti la progéniture de ces familles complètement désemparées. Je vois bien qu'il aimerait maîtriser sa voix en rapportant cette abomination. Je n'essaie pas d'imaginer comment cela se passe et je me contrains à prendre seulement l'information.

Je remonte le flux de réfugiés avec un jeune légionnaire en escorte. La marée est anonyme, compacte, hagarde, je ne pourrais même pas y reconnaître un proche s'il passait devant moi. Cette foule est aussi étrangement silencieuse qu'en perpétuel mouvement, enveloppée dans un nuage de poussière et de désespoir qui ne lui laisse aucun répit.

Le flot se met soudainement à bouillonner et je débouche, sans m'y attendre, sur un pugilat entre trois jeunes gens armés de machette. Ils se font face avec des gestes rapides et menaçants, écartant la foule qui les entoure.

Par réflexe, je leur crie de stopper, deux s'arrêtent mais le troisième est en rage et se retourne brusquement. Il bondit vers moi, la machette à la main. Pas plus de 10 mètres ne nous séparent et je comprends trop tard que mon soldat d'escorte est trop éloigné pour pouvoir me protéger. Je dois dégainer rapidement mon pistolet, mais celui-ci se coince dans l'étui réglementaire en toile, que l'humidité a collé au métal de l'arme.

Je ne veux pas quitter mon agresseur des yeux, il n'est plus qu'à deux enjambées. Je sens mon cœur s'accélérer.

De la main gauche, j'attrape le bas de l'étui pour le bloquer, une nouvelle impulsion… le pistolet sort enfin. Juste le temps de lever mon arme à la hauteur des yeux de l'assaillant furieux.

Il stoppe net, alors que sa machette est déjà au-dessus de ma tête. Nos regards se fixent, le temps se fige.

Mon agresseur fait un pas en arrière, il baisse la garde avant de faire volte-face et se perd aussitôt dans la foule. Je peux enfin relâcher le chien de mon arme, en même temps que mon souffle.

Les légionnaires ont accouru pour me protéger mais ils ne seraient pas arrivés à temps. Ils tancent sévèrement le jeune soldat qui était supposé m'escorter mais s'était laissé distancer, alors que tout se joue en quelques secondes dans ces situations. Le sergent me raccompagne jusqu'à la P4 et se félicite que je n'aie pas eu à tirer, évitant sans doute une émeute. Mes pensées sont ailleurs, c'est moi qui ai été surpris dans cette action, le temps m'a échappé.

**Île Iwawa sur le lac Kivu (frontière Zaïre-Rwanda).
07 juillet 1994**

Nous sommes arrivés au petit matin par hélico sur cette île isolée, au milieu des eaux lisses du lac Kivu. Les aviateurs voulaient un entraînement au guidage des frappes aériennes. C'était utile d'avoir choisi une zone discrète parce que, jusqu'ici la séquence est un fiasco, alors qu'elle devait conforter les techniques mises en place.

Pour la première fois, l'armée de l'air a déployé en Afrique un escadron de Mirage F1 CT, en remplacement des rustiques avions Jaguar aux capacités limitées mais aux pilotes surentraînés. Comme l'escadron est récent, les pilotes manquent d'expérience et la première patrouille de deux avions annonce à la radio qu'elle fait demi-tour parce qu'elle est *court* en carburant, suivie quelques minutes plus tard par la deuxième patrouille. Les pilotes ont sous-estimé les problèmes de portance, dus aux conditions climatiques, et se sont plantés dans les délicats calculs de charge de carburant à emporter au détriment des armements. Ils n'ont pas de quoi remplir la mission.

Je sens grandir en moi une inquiétude rétrospective : si ce n'était pas un entraînement, mais l'opération sur la forêt de Nyungwe lancée la semaine précédente, je serais en train de prévenir le capitaine Colin que l'appui aérien est reparti, alors qu'il était indispensable pour stopper le FPR et dégager ses hommes,...

Je dois guider en premier, à cause de mon indicatif *shark 01*, et je suis entouré par les cinq autres FAC[1] de l'opération, deux pour les forces spéciales, deux au détachement des troupes de marine pour la zone nord de l'opération Turquoise et un autre contrôleur avancé pour le groupement de la Légion étrangère au sud. Celui-ci est venu avec le détachement de Djibouti de Garoh mais c'est le seul à ne pas avoir les qualifications requises, heureusement l'armée de l'air n'aura pas l'occasion de s'en apercevoir...

Les contrôleurs avancés me laissent travailler dans un silence religieux tout en m'entourant de près, ils se demandent comment je vais aborder cet échec patent avec le patron du détachement aérien qui fulmine en face de moi, sanglé dans une impeccable combinaison de vol couleur sable (enfin je crois), agrémentée d'un foulard bigarré noué autour du cou. Compte tenu des circonstances, je fais court :

– *Mon colonel, vos pilotes n'arrivent même pas à rejoindre la zone de frappe, qu'est-ce que je raconte ce soir aux légionnaires ? Qu'ils ne craignent rien parce que vous apprenez très vite ?*

Le colonel vire au rouge, ce qui détonne un peu avec sa tenue,

– *Merde, capitaine, me faites pas chier, je vais organiser un retour d'expérience sévère à mon retour, cette situation est inadmissible, même si nous aurions vite corrigé le tir en combat. Et je me passe de vos sarcasmes à la con.*

La troisième patrouille de chasseurs vient de décliner à son tour, pour des raisons que je ne cherche plus à approfondir. Le colonel propose alors que nous guidions le petit avion de transport CASA qui sert pour la coordination aérienne. J'ai toujours aimé l'immense capacité d'adaptation de l'armée de l'air

---

1. Contrôleurs avancés.

mais je propose à mon tour « *d'arrêter les conneries* » tout en tapotant nerveusement le combiné radio dans ma main. Le chef du détachement air convient qu'il vaut mieux interrompre là ce très intéressant exercice.

Un hélicoptère Super Puma vient nous chercher, la première partie du groupe se fait déposer à Goma, puis le pilote se tourne vers mon camarade des forces spéciales pour lui demander où il doit le laisser,

— *C'est secret, je ne suis pas autorisé à le dire.*

J'ai d'abord espéré qu'il plaisantait, mais son sérieux m'inquiète ; le pilote relève la visière pare-soleil de son casque,

— *Ça va être un peu… compliqué de vous ramener si vous ne me donnez pas votre position, ou alors vous sautez en vol et on essaiera de fermer les yeux.*

Mal à l'aise, mon camarade se résout à indiquer les coordonnées de son camp de base, que le pilote peut enfin introduire dans le navigateur de bord. Les *rouleurs de mécanique* commencent à m'agacer, d'autant que j'ai été formé par des artilleurs, pour qui le sérieux prime sur le jeu.

Camp de réfugiés de Nyarushishi, Rwanda.
08 juillet 1994

Nous accueillons le colonel Leflin, doyen des officiers de Légion présents sur le théâtre, avec son invité, un grand reporter du *Figaro Magazine*. Leflin m'est tout de suite sympathique parce qu'il ressemble à mon grand-père avec son allure de vieux monsieur très digne et plein d'humour, ses taches de vieillesse et son regard pétillant. Il doit avoir près de 50 ans, ce qui est considérable dans notre univers.

Ils sont arrivés en P4 pour voir le camp de réfugiés de Nyarushishi, puis Colin et moi avons prévu de déjeuner avec eux, dans l'école qui nous sert de *base vie*.

Les légionnaires ont mis les petits plats dans les grands, concrètement ils ont placé les boîtes de conserve de nos rations dans des assiettes blanches. Nous devisions poliment sur le courage et l'abnégation de la Légion étrangère dans cette *opération Turquoise* que le reporter peine à qualifier malgré sa bonne volonté évidente. Leflin fait de son mieux pour le mettre en confiance et éviter tous les sujets qui pourraient poser question. Ce n'est d'ailleurs pas très difficile tant son invité aime à s'écouter parler.

L'exercice de relations publiques semble toucher à sa fin lorsque, s'estimant en milieu conquis, le reporter dérive sur un terrain inattendu pour nous. Il nous confie, entre un gâteau sec et un café lyophilisé, « *combien il est difficile de travailler de nos jours dans la presse si on n'est pas juif* » et il se lance dans une effrayante diatribe antisémite. Mes compagnons d'armes se coincent tout en évitant la moindre remarque qui mettrait en péril le formidable reportage sur *la Légion étrangère au Rwanda* que ce journaliste leur a fait miroiter. Prenant leur silence pour une approbation, ce dernier s'enfonce plus avant sur son noir chemin.

C'est un peu trop pour ma part, d'autant que je ne suis pas légionnaire, alors je lui dis simplement, avec un sourire engageant, que « *je suis juif…* »

Le brillant reporter s'étouffe dans son café, change de couleur et essaie non moins brillamment de se rattraper aux branches. Tout en essayant de se remémorer les horreurs qu'il vient de nous faire partager au cours de cette fin de repas, il se rappelle soudainement qu'il a des amis juifs, enfin au moins un, évidemment très intelligent et fort cultivé…

Je ris intérieurement devant son malaise grandissant quand Leflin se lève pour y mettre fin, au prétexte qu'il est temps de reprendre la route. Nous sortons du bâtiment en terre séchée. Avant de monter dans sa P4, Leflin m'agrippe par le bras et me glisse à l'oreille,

— *Tant pis pour le reportage, mais merci de l'avoir stoppé, j'avais la nausée.*

Camp de réfugiés de Nyarushishi, Rwanda.
10 juillet 1994

La veille au soir, à l'issue d'un dîner toujours frugal, le capitaine Colin m'a annoncé que j'allais quitter la compagnie, parce que le petit état-major du groupement sud veut un officier pour les aider et que je n'ai plus de rôle à jouer auprès de son unité de combat maintenant que l'option des frappes aériennes est abandonnée. Son regard est concentré comme pour ne surtout pas laisser percevoir le moindre sentiment personnel. Un peu déçu, je sais aussi que ce n'est pas à moi de décider où je suis le plus utile.

Au matin, Tabal me conduit vers le camp de base du groupement sud, sur l'aérodrome de Cyangugu.

– *J'aurais préféré que tu restes dans la compagnie, mais Colin a estimé qu'il n'avait pas assez d'arguments pour refuser que tu renforces l'état-major.*

– *Je comprends, mais ce n'est pas évident de s'intégrer et de quitter aussitôt, je serais peut-être même arrivé à dérider Colin si j'étais resté.*

Tabal sourit puis freine brusquement dans la petite côte menant à l'aérodrome. Un immense escogriffe barre le passage avec un fusil d'assaut sur lequel il a emmanché une grenade propulsée qui peut faire de sacrés dégâts. Il porte un bandana rouge sur la tête, d'immenses lunettes de soleil tape-à-l'œil et un justaucorps en maille orange fluorescent, sans doute pour aérer sa musculature impressionnante. Milicien ou soldat de ce qui reste des Forces armées rwandaises ?

Tabal roule doucement jusqu'à sa hauteur, j'ai pris mon pistolet dans la main, le long de la jambe droite, au cas où... Tout en le saluant poliment, Tabal lui montre qu'il n'a pas l'intention de s'arrêter, ni de se laisser *checker*. L'homme en armes n'ose rien faire. La P4 continue sa route et nous débouchons 50 mètres plus loin à l'extrémité de la petite piste d'envol de la base. Des légionnaires d'un autre détachement contrôlent l'accès et nous demandent de désarmer. J'enlève la munition engagée dans mon pistolet, même si les SIG SAUER sont réputés pour leur sûreté de fonctionnement. C'est une règle élémentaire de sécurité à partir du moment où nous entrons dans une enceinte protégée.

La piste d'envol court sur la crête d'une petite colline, qui ne donne pas vraiment de vue, mais qui surplombe la végétation avoisinante et offre un périmètre visible d'au moins 100 mètres de part et d'autre, ce qui n'est déjà pas mal. L'état-major du groupement sud est installé dans un hangar en tôles destiné à de petits avions. Tabal arrête sa P4 devant et m'aide à sortir mes sacs.

– *Salut Guillaume, tu seras le bienvenu à la compagnie chaque fois que tu le voudras. Fais attention à toi.*

Il me serre la main et me laisse. J'aime bien ce type au regard droit et direct, qui a toujours un petit sourire aux lèvres et du sang-froid à revendre.

Un adjudant-chef de l'état-major m'accueille à l'entrée. Des tentes ont été montées dans le hangar pour délimiter l'espace de travail. La *zone vie* est aménagée juste derrière, deux rangées de lits de camp avec des moustiquaires intégrées, suspendues à des barres métalliques encadrant les lits comme des baldaquins en série.

– Mon capitaine, laissez vos affaires sur ce lit inoccupé, il est pour vous. Encore derrière, il y a une grande table où l'état-major prend ses repas en commun et que vous connaissez. À l'extérieur, à 100 mètres sur la gauche en longeant la piste, nous avons organisé des feuillées. Le périmètre est sécurisé mais aucun sport en dehors de la piste d'atterrissage.

De toute façon je n'ai pas emporté mes affaires de sport.

Je lui demande de me présenter au commandant de l'état-major, et il m'accompagne à l'intérieur des tentes. Il frappe deux fois sur une table en bois pour signaler notre présence, le lieutenant-colonel Garoh lève son regard et me fixe avec attention.

– Capitaine Ancel, à vos ordres mon colonel.

– Bonjour Ancel, je suis sûr que vous n'aviez pas très envie de rejoindre un état-major, et que les légionnaires du 2e REI ne voulaient pas vous lâcher, mais j'ai besoin de vous ici.

Garoh vient de Djibouti avec un détachement de la 13e demi-brigade de la Légion étrangère (13e DBLE), soit une compagnie de combat, un détachement de logistique et un état-major tactique. Le *groupement sud* comprend en plus la compagnie de Colin, dont je viens, et une équipe spéciale du 2e REP, le régiment parachutiste de la Légion. Garoh supervise donc une grande partie de la zone humanitaire que ce groupement doit protéger. Sa préoccupation actuelle est d'avoir le maximum d'informations sur la situation réelle de cette zone – ce que nous appelons dans notre jargon le renseignement – mais son officier rens est débordé par le travail, en particulier par les demandes de recherche de disparus qu'il ne peut pas mener de front. Il souhaite que je m'occupe de cette partie pour lui dégager du temps. Ça me convient d'autant mieux que je le faisais déjà dans la compagnie Colin et que je n'ai pas vraiment le choix.

Je rejoins donc son officier rens, le capitaine Malvaud. Il semble effectivement débordé, je dirais même fébrile devant l'ampleur de la tâche et la diminution rapide de son stock de cigarettes qu'il grille entre chaque phrase. Comme il n'a pas l'air très au clair sur la manière dont nous allons nous partager le travail, je mets les choses au point :

– *Garoh m'a demandé de t'aider mais pas de t'assister. Je préfère que tu ne fumes pas quand je suis là. Je prends les missions de recherche de rescapés et d'autres si tu m'en proposes, mais une fois acceptées, je m'en occupe comme je l'entends.*

Il approuve par un grognement et m'emmène près de sa table de travail où règne un désordre innommable, des friches de papiers, essentiellement des messages et des notes chiffonnées. Il farfouille avec nervosité avant de trouver enfin le message qu'il cherchait, à moins que ce ne soit le contraire.

– *L'antenne chirurgicale qui s'est montée sur le stade de Cyangugu nous inquiète un peu, si tu peux aller vérifier que tout est OK là-bas et que nous n'ayons pas négligé leur sécurité ?*

– *Je prends, pour demain matin, quand j'aurai constitué une équipe.*

Cyangugu, Rwanda.
11 juillet 1994

Départ en P4, avec trois militaires expérimentés, dont un lieutenant et un sergent de l'état-major. Nous n'avons pas encore quitté l'enceinte de l'aérodrome que le PC nous contacte par radio pour que nous intervenions à la sortie nord de Cyangugu où plusieurs exécutions ont été signalées. Je demande pourquoi la compagnie de Colin n'est pas sollicitée puisque c'est son secteur, mais l'officier de quart m'informe que nous sommes la seule équipe disponible et confirme la mission.

La *sortie nord*, c'est un peu vague ; nous dépassons les dernières maisons de Cyangugu sans rien remarquer, en dehors du flux de réfugiés qui n'a pas diminué. Nous revenons sur nos pas et entrons dans la première maison ouverte pour demander s'ils ont entendu quelque chose. Un très jeune couple nous accueille et raconte avec une certaine confusion que plusieurs personnes ont été tuées cette nuit par *des hommes armés*.

— *Vous voulez dire des militaires, des FAR ?*

— *Non, non, non, ce ne sont pas les FAR, ce sont des hommes en armes, ils tuent pour prendre.*

Je rappelle le PC pour les informer que des miliciens sont vraisemblablement arrivés sur zone et je reçois l'ordre de les pister. Sur l'indication du jeune couple, nous remontons la rue jusqu'à un bar de grande taille et anormalement vide, rien qui ne bouge non plus aux alentours. Je m'approche doucement, l'arme au poing, l'escorte m'encadre à l'affût du moindre mouvement, leurs fusils d'assaut prêts à faire feu. Il n'y a plus rien à l'intérieur, sauf les cadavres de trois hommes qui baignent dans leur sang, de quoi repousser les curieux. J'enfile mes gants de combat – précaution pour éviter la contamination des nombreux séropositifs – et j'inspecte rapidement les corps, mes rangers collent au sang coagulé sur le plancher. L'odeur est âcre mais pas pestilentielle, il fait encore frais à cette heure de la matinée. Les cadavres ne sont pas rigides, les impacts d'entrée bien nets ne laissent aucun doute sur l'origine des blessures par armes à feu. Nous retournons rapidement chez le jeune couple, qui finit par nous suggérer « *d'aller voir peut-être au séminaire, au bord du lac* ».

Il s'agit d'une congrégation religieuse que les sœurs ont désertée au début des massacres. À proximité du lac Kivu, ce bâtiment blanchi et joliment construit, bordé d'eucalyptus longilignes, me semble beau, presque irréel dans ces circonstances. Un vent léger apporte une fraîcheur agréable. Nous nous garons devant le séminaire et entrons calmement, après avoir donné notre position à la radio.

Un grand type nerveux nous accueille, il se dit gérant des lieux qui hébergeraient désormais des réfugiés. Quelque chose ne colle pas dans son empressement à nous voir repartir et je lui demande de visiter des chambres. Sans lui laisser le temps de refuser, je grimpe l'escalier à grandes enjambées, le lieutenant souffle derrière moi, personne dans le couloir. Nous ouvrons une première porte : rien. Je la referme pour repartir plus loin lorsque j'entends le bruit d'objets métalliques qui glissent doucement avant de tomber en fracas sur le sol dallé. Je rouvre la porte, un arsenal est placé derrière, une dizaine de fusils d'assaut et des brêlages de munitions.

Je pense qu'ils appartiennent forcément à des miliciens, puisque aucun détachement des FAR n'est censé être présent dans Cyangugu. Mais je suis troublé d'observer que ces équipements sont uniformes...

Le *gérant* nous a rejoints et change d'attitude, il m'explique avec fermeté que je ferais mieux de ne pas y toucher. Je reste moyennement impressionné et lui réponds sans rire que les propriétaires pourront venir réclamer leurs biens sur la base de la Légion étrangère – j'insiste sur ce terme – sur l'aérodrome de Cyangugu.

Au total nous confisquons une trentaine de fusils. Les miliciens sont absents et il est peu probable qu'ils prendront le risque de revenir. Je demande au PC un détachement pour venir récupérer les armes confisquées et vérifier les alentours. Un groupe de légionnaires arrive rapidement, le sergent-chef François les commande, il vient de la compagnie Colin.

– *On ne s'ennuie pas avec vous, on aurait dû vous garder dans la compagnie, les chefs de groupe se disputent pour venir vous escorter...*

Je prépare une repartie de toute modestie, mais je ravale ma salive : des miliciens arrivent devant le portail, ils se regroupent au pied d'un immense eucalyptus, juste en face de nous. Ils portent d'invraisemblables tenues fantoches, déchirées et superposées, toutes sortes de colifichets sinistres pendent à leur ceinture et à leur cou. Armés de machettes et surtout de fusils, ils nous toisent du regard, estimant que nous ne sommes pas assez nombreux pour oser nous en prendre à eux.

J'hésite un instant, éviter un affrontement inutile et dangereux ? Mais l'un des miliciens se tourne vers moi et me provoque du regard, il porte un gilet pare-éclats ensanglanté, au camouflage de l'armée belge avec la bande patronymique du sergent « P. Van Moyden ».

Le sergent Patrick Van Moyden s'entraînait avec nous en Allemagne, quatre ans auparavant, quand nous expérimentions le Mistral dans la région de Wittlich. C'était le premier missile antiaérien portable de l'armée française, les Belges l'avaient acheté aussi pour ne plus dépendre du Stinger américain et voulaient le tester en même temps que nous. Ils nous avaient détaché Patrick, un jeune Flamand apprécié pour son professionnalisme et son tempérament jovial. J'avais entendu qu'il faisait partie de l'escorte de la Première ministre, Agathe Uwilingiyimana, opposée aux extrémistes. Une escorte que les soldats belges ont payée de leur vie. Ma colère monte, je n'ai pas l'intention de laisser tomber, je me tourne vers François,

– *Les miliciens, là, ils portent le gilet kevlar d'un de mes camarades, je veux le récupérer.*

François hoche simplement la tête, il se retourne, rassemble son équipe, les briefe rapidement sans montrer le moindre signe de tension. Ses hommes se déploient calmement en V vers les miliciens qui continuent à exhiber leurs trophées et leurs armes. Alors les légionnaires ouvrent le feu presque simultanément, dans un bref échange de tirs, sans rafales, juste des tirs ajustés. Les miliciens sont trop lents pour riposter efficacement, ils s'effondrent en quelques secondes.

François fait regrouper leurs armes avec celles déjà saisies dans le séminaire. Il me rapporte le gilet de mon camarade, sans autre forme de commentaire.

Je n'ai pas envie de rejoindre l'hôpital, je voudrais marcher un peu pour évacuer ma nervosité. Je suis troublé de n'avoir fait aucun cas du sort de ces miliciens, que j'ai fait écraser en un éclair par une violence au moins égale à celle qui les animait. Je n'avais pas de raisons objectives d'ordonner leur destruction mais je l'ai fait, dans une pulsion agressive qui m'a effrayé.

Je sens aussi que si je ralentis, l'équipe qui m'accompagne va s'arrêter. Les légionnaires aiment à dire que *si le chef s'assied, la troupe s'allonge.* Je remonte dans la P4 et nous rejoignons enfin le stade.

De nouveau je suis étonné, ce site qui n'hébergeait que des fantômes une semaine plus tôt est maintenant entièrement occupé par un hôpital en pleine activité. Un des toubibs que nous avions escortés pendant la reconnaissance nous propose de visiter leur installation.

À l'entrée, deux grandes tentes disposées côte à côte accueillent les patients, victimes et blessés, où une équipe médicale les *trie* pour les orienter en fonction de l'urgence et des capacités de cet hôpital de campagne. Juste derrière, une grande infirmerie permet de traiter les plaies superficielles. Au milieu du stade, un centre chirurgical complet avec deux blocs opératoires permet des interventions lourdes tandis qu'une autre double tente est destinée à la réanimation. Toute la partie suivante est consacrée aux soins et à l'hébergement des patients.

Je n'aime pas les hôpitaux, leurs odeurs, leur ambiance, mais je suis admiratif devant leur organisation. En quelques jours seulement, nos médecins font tourner à plein régime un hôpital créé de toutes pièces sur ce qui n'était qu'une pelouse de stade.

Les lits sont déjà tous occupés, je m'arrête devant celui où est assise une gamine de la taille de ma fille aînée, Camille et ses 6 ans révolus. Elle a le crâne profondément entaillé d'un coup de machette, il me semble apercevoir son cerveau à travers la plaie. Elle regarde avec des yeux vides l'infirmière qui lui prépare un immense pansement. Ma gorge se noue, des larmes me viennent aux yeux. J'arrivais bien à me protéger jusque-là, mais j'ai un haut-le-cœur en imaginant la haine nécessaire pour attaquer une enfant qui n'arrive même pas à la ceinture d'un adulte. Un vieil homme, sur le lit d'à côté, observe mon désarroi et m'interpelle. C'était le doyen de l'université de Butare, il a échappé de justesse aux massacres des Tutsi.

– *Regardez monsieur ce qu'est l'Afrique, regardez ce qu'est le Rwanda, nous sommes des bêtes qui massacrons nos enfants à coup de machette, comment vivre avec une telle honte ?*

– *En partageant celle des autres,* lui répond le légionnaire qui m'escorte, dans un français qui grince... il est serbe.

Le vieil homme nous serre les mains et nous rejoignons la *partie vie* où sont hébergées les équipes médicales. Le médecin chef de l'hôpital, André, me sourit avec douceur et ironie, il a opéré toute la nuit et toute la matinée aussi, comme en témoigne l'ignoble tablier de cuir qui le protège jusqu'aux pieds.

– *Mon capitaine, merci de nous faire l'honneur de votre visite, comment trouvez-vous notre installation ? Aussi sûre que la zone humanitaire que nous allons protéger, temporairement ?*

– *Vous avez raison, nous n'aurions pas dû venir, j'aurais pu pleurer devant ma télé avec ma fille sur les genoux et éteindre quand j'en aurais eu assez.*

Il rit bruyamment, personne n'est dupe du drame qui se joue ici, tous voudraient l'atténuer, mais sans ignorer la superficialité de notre aide.

Nous déjeunons de rations servies dans des assiettes, le nec plus ultra de la gastronomie française dans ce contexte. Cela fait du bien de côtoyer cette ruche qui s'affaire pour soigner et aider les autres. Mais je me sens préoccupé en songeant à ma femme qui n'a sans doute encore reçu aucune de mes lettres et je me demande ce qu'elle peut imaginer et craindre pour moi... Il est facile de se réfugier dans l'action, plus angoissant de penser à ceux qui en supportent les conséquences.

Nous rendons ensuite visite au groupe de protection fourni par la Légion. Le sergent Guy, d'origine libanaise, me reconnaît tout de suite et m'accueille avec son sourire levantin. Mes interlocuteurs répondent volontiers à mes sourires : cela insupportait mes instructeurs à Saint-Cyr mais me permet de lire beaucoup d'intentions sur les visages et plus encore dans les regards.

Nous faisons le tour du dispositif de sécurité. Les légionnaires sont vigilants, ils craignent que l'hôpital ne constitue une cible de choix pour des extrémistes qui n'ont plus rien à perdre, ils savent aussi que c'est un lieu de tentation pour tous ceux qui recherchent désespérément de quoi survivre. Un observateur et un tireur d'élite sont camouflés dans le toit qui abrite la tribune du stade. Deux légionnaires tournent ostensiblement autour de l'enceinte tandis qu'un autre binôme garde l'unique portail d'entrée. Je leur demande si cette garde n'est pas trop ennuyeuse, mais les légionnaires sont contents de l'accueil de l'équipe médicale et apprécient de bénéficier des équipements déployés sur le site.

Le sergent Guy m'emmène d'ailleurs jusqu'à la douche collective installée dans une tente spécialement aménagée, il a tout organisé pour que je puisse prendre ma première vraie douche depuis que nous avons quitté Nîmes. Byzance : de l'eau chaude, une serviette propre qui n'a pas séché au fond d'un sac, je reste au moins quinze minutes sous l'eau qui coule presque régulièrement. Un moment inattendu de détente, qui me fait ressentir aussi toute la tension accumulée. Puis je remets mon treillis poussiéreux.

Guy me conduit maintenant à la tente où les infirmiers ont installé leur coin détente. Il n'y a presque que des femmes, ça change et m'impressionne. Elles m'offrent un Coca frais tout en faisant du gringue à Guy, je commence à comprendre pourquoi les légionnaires apprécient autant cette mission de garde qu'en général ils préfèrent éviter. Les infirmières parlent avec beaucoup de calme. Nous ne sommes pas vraiment dans un hôpital comme les autres, leur périmètre de vie est strictement limité au stade et elles soignent des blessures infligées avec une rare cruauté. Elles montrent une tempérance extrême que j'avais observée seulement chez les sous-mariniers, eux aussi doivent préserver à tout prix une harmonie sociale dans un espace excessivement confiné. Les infirmières parlent avec bienveillance, sans poser non plus la moindre question sur la mission que nous sommes en train de mener. Elles soignent.

Nous rentrons sur la base de Cyangugu où m'attend, un peu inquiet, le lieutenant-colonel Garoh. La nuit est déjà tombée. Ce matin je partais pour une prise de contact, transformée en enquête, et devenue une intervention avec récupération d'armes.

Il ne me pose pas de questions sur les conditions d'ouverture du feu contre les miliciens de ce matin au séminaire, je ne sais pas ce que les légionnaires lui ont rapporté et j'évite à mon tour d'aborder le sujet. J'ai fait incinérer le gilet de mon camarade belge à l'hôpital, je n'ai gardé que sa bande patronymique, *au fond de ma poche*, dans ma veste de combat.

Karengera, sud-ouest du Rwanda.
12 juillet 1994

Le capitaine Olivier, commandant la compagnie de combat qui vient de Djibouti, me demande de l'aider pour une affaire étrange. Dans sa zone, près de Karengera, les villageois ont retrouvé un corps écrasé au sol et accusent les Français *d'envoyer des espions par les airs*.

Je le rejoins dans le centre du bourg pour qu'il me conduise jusqu'à la scène de crime, située un peu à l'extérieur. Sur le bord de la route, un corps sans vie. Ce n'est pas vraiment le premier au Rwanda, cependant je comprends le malaise d'Olivier. Le corps ne porte aucune trace d'impact mais il n'a plus vraiment de forme, il est comme une tâche inerte enfoncée dans le sol, comme si un rouleau compresseur lui était passé dessus. Ça n'a pas vraiment de sens compte tenu de l'endroit, aucun immeuble haut ou falaise, pas plus de traces d'un véhicule lourd qui l'aurait aplati.

Olivier est embêté par ce cadavre inexpliqué qui génère un climat de suspicion avec les autorités locales, il me demande d'enquêter mais je n'ai pas plus d'idée que lui : les Rwandais ne disposent plus d'hélicoptère ou d'avion en état de marche et je ne comprends pas comment ce malheureux a pu être écrasé en cet endroit, tout cela n'a aucun sens.

Je lui promets de mentionner cet *événement* dans mon rapport de recherches de ce soir, au cas où un officier rens de l'opération Turquoise pourrait nous éclairer ou nous donner une piste. Mais je n'ai rien trouvé pour cette étrange affaire et j'ai laissé tomber.

Cyangugu, Rwanda.
13 juillet 1994

Le check point de la Légion étrangère sur le pont frontière de Cyangugu a un *problème* et le PC opérationnel m'y envoie. Avec deux soldats d'escorte, nous traversons rapidement la petite ville pour arriver au poste de la Légion, en charge de désarmer les réfugiés qui essayent de traverser la frontière avec le Zaïre.

Leur problème est qu'une élégante femme noire d'une trentaine d'années affirme être française mais n'a plus aucun papier, et elle exige d'être rapatriée. Habillée avec allure mais sans ostentation, elle a l'arrogance de sa beauté et parle avec condescendance au chef de groupe qui ose la questionner sur sa situation. Son français est parfait, ce qui ne signifie en soi pas grand-chose, elle pourrait tout aussi bien être ivoirienne que rwandaise. Je l'aborde avec courtoisie,

– *Bonjour, je suis le capitaine Guillaume Ancel, je vais essayer de vous aider.*

Elle me regarde avec étonnement et me prend de haut, ce qui augure mal de la suite,

– *Vous ne savez pas qui je suis, je devrais être traitée avec plus d'égards que ça, je suis citoyenne française, j'exige d'être ramenée en France, sous protection…*

– *Pour l'instant vous êtes dans un flot de rescapés anonymes, alors baissez de deux tons et parlez-moi poliment, sinon je vous laisse ici et vous pourrez toujours essayer de convaincre les douaniers zaïrois en face que vous êtes une VIP française.*

Silence gêné.

Elle s'excuse, retrouve son calme avant de m'expliquer doucement qu'elle s'appelle Martine Leroux, ses papiers et ses affaires lui ont été volés et elle n'a plus aucun moyen de repartir en France. Je lui demande de m'accompagner au camp. Sur la route, j'essaie de comprendre son périple mais il est confus ou plutôt totalement incohérent. Elle me dit être mariée à un médecin établi à Bordeaux qu'elle me propose de contacter. Pourtant je suis destinataire de tous les avis de recherche de personnes disparues au Rwanda, par des citoyens français ou européens, via le Quai d'Orsay qui centralise les informations, et je suis sûr de ne rien avoir vu à son sujet. Arrivé à la base, je vérifie encore une fois dans mon dossier et auprès du diplomate de liaison à Goma qui me confirme par fax qu'il n'a rien non plus.

Nous venons d'installer un des premiers téléphones par satellite, il occupe une caisse de 25 kg et chaque communication coûte la modeste somme de 10 $ la minute, nous l'utilisons donc avec parcimonie et uniquement pour le boulot. J'appelle le numéro de son mari, en espérant ne pas tomber sur un répondeur. À la sixième tonalité, quelqu'un décroche et me répond avec la politesse empruntée et la voix lente d'un très vieux monsieur. Dialogue improbable entre la France tranquille au milieu de l'été et une zone de guerre au milieu de l'Afrique,

– *Bonjour, je suis le capitaine Ancel de l'armée française, j'appelle du Rwanda et je voudrais parler au Dr Leroux.*

– *C'est moi-même... que puis-je faire pour vous... capitaine ?*

Je suis surpris qu'il ne fasse pas le lien avec sa femme.

– *Docteur, j'ai avec moi Martine Leroux qui affirme être votre épouse et demande à être rapatriée en France. Elle n'a plus de papiers et j'ai besoin que vous confirmiez qu'il s'agit bien de votre femme.*

Silence de plusieurs secondes, peut-être le décalage dû aux communications satellites, puis ce vieux monsieur finit par me répondre :

– *Oui… c'est cela.*

Il ne fait aucun commentaire, ne montre aucune sorte d'inquiétude, il ne pose même pas de question, je ne sais plus quoi penser.

– *Docteur, je me permets d'insister car je dois m'assurer d'avoir bien compris. Martine Leroux est bien votre femme et donc nous allons la rapatrier en France ?*

Il me répond simplement,

– *Oui… c'est bien.*

Je préfère m'abstenir d'enquêter plus avant. Je demande à la cellule logistique de lui trouver une place dans le prochain avion militaire qui approvisionne notre base de Cyangugu et d'organiser son retour en France via Goma, au Zaïre, où se posent tous les jours des avions gros porteurs en provenance de la métropole.

Au moment de monter dans l'avion, Martine Leroux se retourne vers moi, avec la même tonalité légère qu'un voyageur dans le métro à qui on aurait indiqué le bon chemin,

– *Au revoir et merci capitaine !*

Bords du lac Kivu, Rwanda.
14 juillet 1994

Nous roulons sur la route de Kagano, au nord de Cyangugu. L'officier rens m'a affirmé que c'est un havre de paix et j'ai envie de voir ce que cela signifie dans un pays dévasté par la guerre civile. Nous apercevons le lac Kivu sur notre gauche, au calme insondable. Les collines sont toutes cultivées et laissent peu de place à la nature sauvage. La terre est rouge, le ciel, pour une fois bleu, accompagne une température élevée qui nous fait transpirer dans la P4.

Nous arrivons dans un petit village, au pied d'une colline. Des arbres soigneusement entretenus procurent une fraîcheur bienvenue. Les maisons blanchies à la chaux se répartissent harmonieusement autour d'une jolie église.

Le bourgmestre nous accueille en compagnie du prêtre en charge de cette paroisse. Ils sont fiers de nous montrer comment ils ont pu rester à l'écart du conflit et nous emmènent faire le tour du village. Les habitants s'affairent tranquillement, il règne une grande sérénité, dont les villageois ne se cachent pas. Un havre de paix, comme promis.

– *Ici, capitaine, nous vivons en paix et nous faisons tout pour la préserver.*

Je suis aussi surpris que ravi, je félicite nos hôtes qui nous raccompagnent vers l'entrée du village où nous avons laissé la P4 sous la surveillance du conducteur. Mais quelque chose m'intrigue sans que je sache exactement quoi, et je finis par demander au bourgmestre quel est le nombre de Tutsi dans son village.

– *Il n'y a pas de Tutsi dans notre bourg, capitaine.*

Et le prêtre de rajouter avec le plus grand naturel,

– *Ils ne couraient pas assez vite…*

Je sens que cette belle image de carte postale va s'effondrer si je pose la question suivante, mais j'ai besoin de savoir,

– *C'est-à-dire, mon père ?*

– *Les Tutsi ne couraient pas assez vite pour nous échapper, nous nous en sommes complètement débarrassés.*

– *Et si d'autres venaient ?*

Le bourgmestre m'explique alors pour me rassurer « qu'ils ont ce qu'il faut pour se défendre » et, devant mon air dubitatif, il propose de visiter séance tenante leur armurerie secrète. Dans la mairie, un arsenal est en effet stocké derrière une porte dérobée, fusils d'assaut GALIL et Kalachnikov.

À mon tour de les surprendre,

– *Bon…, puisque vous êtes dans la zone humanitaire sûre, protégée par l'armée française, je vais pouvoir vous débarrasser de ce stock d'armes dont vous n'avez désormais plus besoin.*

Mes hôtes virent au cramoisi, trahis par leur propre confiance. Le bourgmestre essaie de me convaincre qu'il doit tout de même armer la police, et je lui laisse un vieux revolver ainsi qu'une carabine hors d'âge.

– *Ça doit largement suffire pour la police d'un bourg comme celui que je viens de visiter avec vous. Et puis, si des Tutsi revenaient, pardon venaient, vous nous appelleriez ou alors vous courrez plus vite qu'eux.*

Le bourgmestre se montre très gêné, pas pour les Tutsi, mais parce qu'il ne sait pas comment me dire qu'un lieutenant de la Légion l'a autorisé à conserver cet arsenal. J'encaisse cette désagréable surprise et lui confirme que la situation actuelle ne justifie plus de disposer d'armes de guerre. Je fais embarquer le tout dans la P4.

Je suis furieux, et le soir au briefing opérationnel de l'état-major, j'amène le sujet sur la table,

— *J'ai visité un havre de paix sur les bords du lac Kivu ce matin…*

Et les participants d'approuver en répétant en chœur « *ah oui, le village sur les bords du lac en direction de Kagano* ».

— *Vous savez qu'ils ont procédé à une épuration ethnique et liquidé tous les Tutsi de leur sainte communauté ?*

Au chœur succède un silence glacial. Malvaud, l'officier rens, me demande de m'expliquer et je raconte la brillante prestation du bourgmestre et du prêtre. Tout le monde accuse le coup.

— *Et pour couronner le tout, ces criminels m'ont affirmé qu'un officier français les avait autorisés à conserver un stock d'armes de guerre.*

La tension monte d'un cran car mes accusations sont graves. Le jeune lieutenant qui dirige l'équipe spéciale du 2ᵉ REP prend la parole,

— *C'est moi qui leur ai dit de garder et de cacher leurs armes, mais je jure que je ne savais pas pour les Tutsi.*

Ce type m'agace d'autant plus qu'il est le protégé du lieutenant-colonel Garoh, manifestement subjugué par le 2ᵉ REP et plus encore par tout ce qui a trait aux forces spéciales. Je laisse ma colère éclater,

— *Connard, les forces spéciales ne sont pas autorisées à faire n'importe quoi, là ce n'est plus de l'inconscience, c'est de l'irresponsabilité, tu nous rends complices de criminels et tu nous mets dans la merde…*

Garoh stoppe aussitôt l'altercation, lève la séance et garde le lieutenant auprès de lui. J'aimerais croire que c'est pour le recadrer, mais en réalité j'en doute. J'espère sincèrement que des Tutsi reviendront dans ce village.

Aéroport de Cyangugu, Rwanda.
15 juillet 1994

Le colonel Leflin, doyen des officiers de Légion sur le théâtre de l'opération Turquoise, vient sur la base du groupement sud pour infliger une sanction sévère à un jeune lieutenant qui s'est mal comporté.

Ce lieutenant était en intervention dans un village proche de Cyangugu où des pillards démontaient un bâtiment public sous les huées d'une population désemparée. Il a déployé sa section d'une trentaine de légionnaires dans une délicate opération de rétablissement de l'ordre, pour laquelle nous ne sommes pas les mieux entraînés et équipés. Ses hommes ont fait fuir (temporairement) les pillards et essayaient de mettre fin aux bagarres résiduelles, quand le lieutenant a cru bon de tirer plusieurs coups de feu en l'air, avec son fusil d'assaut.

Leflin le sanctionne, à la demande de son commandant de compagnie, parce qu'il n'a pas maîtrisé sa propre violence dans une situation certes délicate, mais qui ne justifiait à aucun moment de faire usage de son arme. La stricte discipline de la Légion n'est pas une légende, y compris dans l'ouverture du feu.

Garoh m'explique le soir que ce comportement de *cow-boy* les inquiète et que cette sanction est un avertissement aussi bien pour le lieutenant que pour tous les cadres de la Légion.

Évêché de Cyangugu, Rwanda.
16 juillet 1994

Garoh m'a demandé d'interrompre une recherche de rescapés potentiellement menacés dans la zone humanitaire sûre pour secourir l'évêque de Cyangugu *qui serait en grande difficulté.*

Je me suis donc rendu aussi vite que possible à l'évêché de Cyangugu, une très belle villa au-dessus du lac Kivu. Nous débarquons l'arme au poing, avec les trois soldats qui m'escortent, pour sauver l'évêque.

Retranché dans la maison, celui-ci nous accueille avec soulagement ; il est énorme, fébrile et transpire à l'excès. Il me demande combien nous sommes, question à laquelle je ne réponds pas. Il semble vraiment effrayé et, en soufflant bruyamment, il m'entraîne de l'autre côté de la propriété vers un magnifique jardin agrémenté de massifs de fleurs, surplombant une falaise au-dessus du lac. D'un geste ample, il désigne des voitures rutilantes garées contre le bâtiment et m'explique avec angoisse... qu'il ne veut pas *qu'elles tombent aux mains des Tutsi.*

Consterné... c'est à mon tour de reprendre bruyamment ma respiration, j'expire longuement par le nez, comme je l'ai appris dans nos pratiques de yoga. Les légionnaires me fixent maintenant avec inquiétude, ils se demandent comment je vais décharger ce dramatique ecclésiastique de ses angoisses terrestres.

— *Monseigneur, quelle est votre voiture préférée, celle dont il faut s'occuper en tout premier ?*

L'évêque m'indique sans hésiter une grosse berline, dont je ne saurais dire la marque ni le modèle, mais qui paraît superbe en tout point, couleur resplendissante et intérieur cuir, cette voiture respire le luxe et brille sous le soleil de la mi-journée.

Je lui demande la clef, qu'il garde précieusement sous sa chemise, attachée à un collier, et qu'il me remet comme celle d'un trésor. Je m'installe calmement au volant, démarre la limousine qui ronronne avec élégance. L'évêque opine du chef en écoutant le moteur tourner. J'engage la boîte automatique en marche avant et je ressors aussitôt de la voiture qui démarre doucement. Sous le regard médusé de son propriétaire, la berline dévale la pente du jardin, traverse la haie, défonce la balustrade en arrachant quelques fleurs et s'envole vers le lac. Nous avons à peine le temps de nous avancer pour la voir plonger majestueusement dans les eaux grises du lac Kivu. Mais déjà les remous s'estompent, le lac a effacé toute trace de la luxueuse voiture.

L'évêque est au bord de la crise d'apoplexie, le souffle définitivement coupé. Avant qu'il ne puisse réagir je reviens vers lui pour proposer de le débarrasser de ses autres soucis. Il refuse, sans façons, avec de grands gestes nerveux. Je me plante devant lui, le regarde droit dans les yeux pour lui expliquer que j'ai quelques réfugiés – sûrement tutsi – à retrouver, et que la prochaine fois qu'il me dérange pour un problème de ce genre, je le laisserai dans la voiture avant de l'envoyer au fond du lac. Les légionnaires ne mouftent pas et nous repartons aussitôt.

Nous n'avons pas trouvé la trace des rescapés que nous recherchions le matin et nous revenons à la nuit tombée sur la base de Cyangugu. Garoh attend avec impatience des nouvelles de l'évêque, je ne suis pas très précis sur la manière dont nous l'avons aidé mais je peux le rassurer sur le fait *qu'il a vraiment été soulagé par notre intervention.*

Une très belle voiture repose au fond du lac Kivu. Des légionnaires ont relaté une histoire trouble de lancement d'un sous-marin.

Je ris de cette situation qui m'a en réalité désespéré, j'imagine que cet homme devait l'être bien plus encore pour perdre ainsi pied.

Aéroport de Cyangugu, Rwanda.
Juillet 1994[1]

Je suis vraiment contrarié.

En rentrant tard dans l'après-midi sur la base de Cyangugu, je trouve un groupe de journalistes qui assiège le petit état-major, ils attendent un point de situation et s'impatientent bruyamment. Je ne veux pas m'en mêler, je les contourne discrètement pour aller poser mes affaires sous mon lit et faire le point avec Malvaud, l'officier rens.

Le lieutenant-colonel Lemoine, l'adjoint de Garoh, m'intercepte et me demande de l'aider : les journalistes ne devaient pas rester au-delà de 15 h mais leur programme a été prolongé sans son avis. Ils attendent un brief alors « *qu'un convoi de camions doit quitter la base pour transporter des armes vers le Zaïre* ». Je ne comprends pas de quoi il parle, mais Lemoine me propulse devant les journalistes sans me laisser le temps de poser plus de questions.

Les journalistes m'entourent aussitôt, comme s'ils m'encerclaient. Je parle doucement pour les obliger à se concentrer sur mes propos. Je leur fais un brief rapide sur la situation dans la zone et sur mes activités de recherche et de sauvetage de rescapés. La plupart s'en contentent, cependant un reporter du journal *Le Monde* n'en reste pas là,

1. Je n'ai pas noté le jour, cela se passe lors de la deuxième quinzaine de juillet.

– *Capitaine, vous désarmez les Rwandais qui traversent votre zone ? Même les militaires des FAR ?*

– *Bien sûr, nous protégeons la* zone humanitaire sûre, *donc plus personne n'a besoin de porter une arme dans ce périmètre.*

– *Et pourquoi vous ne confisquez pas aussi les machettes ?*

– *Pour la simple raison que tout le monde en possède. Dans ce cas il faudrait aussi supprimer les couteaux, les pioches et les bâtons !*

Rire de ses confrères, mais la question est loin d'être anodine, ne rien faire dans ces situations alors qu'on en a le pouvoir, c'est se rendre complice. J'aperçois dans leur dos, de l'autre côté de la piste, une colonne d'une dizaine de camions transportant des conteneurs maritimes, qui quittent le camp en soulevant un nuage de poussière.

Le journaliste n'abandonne pas.

– *Et les armes saisies, qu'en faites-vous ?*

Je n'ai pas envie de mentir, ni de nous mettre en difficulté, alors j'esquive avec un sourire ironique,

– *Nous les stockons ici dans des conteneurs et nous attendons que leurs propriétaires les réclament.*

Les journalistes rient encore, ils doivent penser que je suis plein d'humour. Ils plient bagage après m'avoir remercié et remontent dans l'avion qui les attend enfin sur la piste.

J'attends avec impatience le débriefing du soir auquel assistent tous les chefs de détachement du groupement. Nous sommes une douzaine autour de la table et j'aborde sans attendre le sujet du convoi, pour lequel on m'a demandé de détourner l'attention des journalistes. Je sens que Garoh hésite et cherche ses mots,

– *Ces armes sont livrées aux FAR qui sont réfugiées au Zaïre, cela fait partie des gestes d'apaisement que nous avons acceptés pour calmer leur frustration et éviter aussi qu'ils ne se retournent contre nous.*

Je suis sidéré.

– *Attendez, on les désarme et ensuite on va leur livrer des armes, dans des camps de réfugiés, alors que ce sont des unités en déroute, sans doute liées aux milices et, pire encore, au ravage de ce pays ?*

Garoh me répond avec son calme imperturbable,

– *Oui, parce que les FAR sont à deux doigts d'imploser et d'alimenter effectivement les bandes de pillards. En donnant ces armes à leurs chefs, nous espérons affermir leur autorité. De plus, nous ne sommes que quelques centaines de combattants sur le terrain et nous ne pouvons pas nous permettre le risque qu'ils se retournent contre nous, alors que le FPR nous menace déjà.*

Lemoine, son adjoint, ajoute pour l'aider,

– *Ancel, nous payons aussi leur solde, en liquide, pour éviter qu'ils ne deviennent incontrôlables, ce que nous sommes souvent obligés de faire dans ces situations.*

Je trouve le raisonnement court-termiste et indéfendable : comment avaler qu'en livrant des armes à ces militaires, nous améliorons notre propre sécurité ? Je leur rappelle que nous n'avons plus vraiment de doutes sur l'implication des FAR dans les *massacres de grande ampleur* qu'aucun d'entre nous ne nomme encore génocide. Mais Garoh stoppe là le débat, même s'il semble troublé aussi par cette situation.

Après cet événement, j'ai demandé aux pilotes d'hélicos et aux gendarmes chargés du contrôle des armes saisies de les balancer au-dessus du lac Kivu. Garoh aurait pu s'y opposer, mais il a validé cette pratique…

Aéroport de Cyangugu, Rwanda.
18 juillet 1994

Drame domestique : les légionnaires viennent de trouver une équipe des forces spéciales en train de planquer dans notre zone. Ce sont des spécialistes du renseignement du 13e régiment de dragons parachutistes (13e RDP). Garoh est manifestement vexé parce qu'il s'estime très proche des forces spéciales, et il ne peut accepter l'idée qu'une de leurs équipes ait été déployée là sans en avoir été prévenu, il craint même que ce ne soit pour surveiller ses propres actions.

Les légionnaires sont en plein psychodrame, se demandant ce qu'ils doivent faire de cette équipe qu'ils traitent quasiment comme des prisonniers de guerre…

Je me sens peu concerné par ce *drame* et de toute façon je n'imagine pas dépenser de l'énergie contre des compagnons d'armes, moins encore contre le 13e RDP, qui m'avait proposé de les rejoindre avant que je ne parte au Cambodge.

Je m'approche de nos camarades consignés dans un coin de l'état-major et placés sous la garde d'un légionnaire armé. Le chef d'équipe est un jeune lieutenant qui ne sait guère mieux que les légionnaires comment sortir de cette embarrassante situation. Je l'aborde avec un sourire, il m'interroge du regard, car il ne peut vraisemblablement pas révéler la mission qu'il poursuivait. Je lui suggère *qu'il aurait pu se perdre et ne pas avoir investi le bon secteur*. C'est le début des GPS portables et leur autonomie est plutôt limitée…

Garoh et Malvaud, son officier rens, se satisfont de cette explication qui permet de sauver la face et préserver les susceptibilités, ils me demandent de raccompagner l'équipe du 13 à l'aéroport de Bukavu, base du COS, le commandement des opérations spéciales. Sur la route, mes camarades me remercient de les avoir sortis de ce mauvais pas et de ne pas les avoir interrogés plus avant. Je ne sais pas qui se perd le plus ici.

De retour au groupement sud sur l'aéroport de Cyangugu, il est déjà tard lorsque je m'installe à la table en bois pour entamer une boîte de ration. Deux officiers de Légion commentent les accrochages du groupement nord avec le FPR. Plusieurs de leurs unités, dont la compagnie d'infanterie de marine du capitaine Lepointre, ont repoussé violemment une *tentative d'infiltration* du FPR dans la zone humanitaire sûre. Les légionnaires ont une autre version, fondée sur l'important déploiement de forces qu'avaient organisé à l'avance les troupes de marine avec des mortiers lourds et des blindés : ils sont persuadés que le FPR respectait scrupuleusement l'accord conclu mais que les troupes de marine sont allées les provoquer *parce qu'ils ont tellement besoin de se faire médailler, en particulier quand la campagne est loin d'être héroïque.*

Je termine seul mon frugal repas lorsque Garoh vient s'asseoir à côté de moi, en silence. D'un air las, avec une voix étrangement basse, un peu comme s'il se parlait à lui-même, le commandant du groupement sud me dit son trouble. Je pense d'abord qu'il s'agit de l'incident avec les forces spéciales ou l'accrochage des troupes de marine, mais je comprends rapidement que le sujet est autre : Garoh a dû accueillir aujourd'hui encore des membres du gouvernement rwandais en déroute, qui utilisent la zone humanitaire sûre pour protéger leur fuite vers le Zaïre. Certes, il est convaincu que ce n'est pas notre rôle de rendre justice, mais escorter poliment des décideurs qui ont de terribles responsabilités dans les massacres et « *du sang jusqu'au cou* », le tourmente. Il aurait pu les arrêter, il aurait même pu les neutraliser, mais ses ordres ne lui laissaient pas le choix. Il sait qu'il en verra d'autres, cependant il ne peut s'empêcher de se questionner sur cette mission et sur ces criminels que nous protégeons de fait. Je crois qu'il a déjà peur qu'un jour on ne le lui reproche.

Bukavu, Zaïre.
19 juillet 1994

Un jeune citoyen suisse, Luc Millimel, a débarqué au Zaïre pour secourir la famille de sa femme, rwandaise. Il demande de l'aide au directeur local d'UNHCR [1] à Bukavu, un fonctionnaire onusien d'origine danoise, petit brun calvitié à l'air constamment harassé. Les réfugiés rwandais au Zaïre se comptent désormais en centaines de milliers, l'épidémie de choléra fait des ravages. Il a donc quelques difficultés majeures à régler et, dès lors que la famille de Millimel n'est pas enregistrée dans un des camps supervisés par UNHCR, ses capacités d'investigation sont réduites.

Le directeur entretient avec moi une relation un peu tendue, s'il semble imbattable pour parler des réfugiés, il est un peu plus mal à l'aise chaque fois que je lui en ramène. Mais aujourd'hui il est ravi de me voir entrer dans son bureau, il peut me présenter Luc Millimel et s'en décharger aussitôt.

Luc a une allure surprenante, il porte sur lui la panoplie intégrale de l'aventurier des magasins Nature & Découvertes, un véritable catalogue ambulant. Il se raidit à mon contact et je comprends à travers ses réponses laconiques qu'il est totalement opposé à ce que je l'aide. J'ai sans doute en face de moi un rare spécimen de citoyen suisse antimilitariste. Je lui donne

1. UNHCR, United Nations High Commissioner of Refugees, Haut-commissariat aux réfugiés des Nations unies.

quand même quelques conseils de prudence, qu'il n'écoute visiblement pas.

Quelques heures plus tard, je suis informé par radio que des légionnaires ont retrouvé Luc dans Cyangugu, salement amoché. Cet Indiana Jones helvétique est entré seul au Rwanda. À la première rencontre avec des réfugiés, il a sorti une liasse de dollars pour les inciter à lui trouver des infos mais il s'est fait détrousser. En essayant de résister, il a été copieusement tabassé. Mis à terre, assommé à coups de pied, délesté de tout ce qu'il transportait, il a même perdu son chapeau d'aventurier. Je suis venu le récupérer sur notre base et j'essaie de le convaincre qu'il a eu beaucoup de chance de s'en sortir vivant en se conduisant aussi imprudemment dans une zone de guerre, mais il peine toujours à m'entendre. Je l'emmène à l'hôpital de Cyangugu pour être soigné et hébergé, et je donne des consignes strictes aux légionnaires de garde pour qu'il n'en sorte sous aucun prétexte jusqu'à mon retour. Luc est consterné, il me supplie de l'emmener mais je ne tiens pas à mesurer jusqu'où s'étend son inconscience. Je pars avec ses maigres informations enquêter sur la famille qu'il recherche.

Nous sommes contactés par le capitaine Tabal, qui a retrouvé la trace de cette famille dans le camp de réfugiés de Nyarushishi grâce au Dr Grosser. Tabal met à ma disposition un VLRA pour les transporter, mais il faut encore que je leur fasse traverser la frontière. Je récupère notre apprenti aventurier à l'hôpital pour qu'il puisse participer à leur *libération* et accessoirement vérifier qu'il s'agit bien de la famille recherchée.

Ils sont une dizaine, des beaux-frères et belles-sœurs avec leurs enfants. Tout ce beau monde embrasse leur sauveur qui prend de multiples photos, puis ils embarquent dans le VLRA. J'installe Luc dans ma P4 pour le garder sous contrôle au moment crucial du passage de la frontière, que nous traversons finalement sans difficulté, même si la tension grandit chez les douaniers zaïrois, sans doute à cause de l'épidémie de choléra.

Je les accompagne jusqu'à Bukavu et recommande à Luc – erreur fatale – d'organiser le rapatriement de sa famille avec UNHCR à partir du Zaïre. J'apprendrai le lendemain qu'il a décidé de faire autrement et de passer par le Burundi, où il a failli atterrir en prison pour passage illégal de frontière puisqu'il n'avait pas de visa, ni pour lui ni pour sa famille. Incurable.

[Des années plus tard, Luc témoignera par écrit contre l'armée française en dénonçant les morts que nous aurions laissés dans notre sillage. J'ai été très surpris par le détail de son récit alors qu'il ne nous a pratiquement jamais accompagnés.]

Forêt tropicale de Nyungwe, sud-ouest du Rwanda.
20 juillet 1994

Florence, une reporter du journal *Libération*, nous accompagne. Elle a appris que nous nous occupions de recherche de rescapés et a obtenu de l'état-major de nous accompagner dans une de nos enquêtes. L'investigation du jour est conduite à la demande d'un professeur du CNRS[1] en France, pour retrouver le Dr Stone, un éminent biologiste rwandais qui mène des études sur une espèce particulière de singe dans le parc de Nyungwe, le colobe noir et blanc. Nous avons peu d'informations pour le trouver, les dernières nouvelles ont été envoyées depuis sa station de recherche au cœur de la forêt. C'est donc là que nous nous rendons avec la journaliste et deux légionnaires d'escorte.

Dans la P4, Florence explique comment elle accepte d'être briefée par les unités françaises de ce côté de la *zone humanitaire sûre* mais qu'elle passera ensuite du côté FPR pour croiser ses informations, un travail de pro. Elle est agréable avec nous mais n'entend pas se laisser influencer plus que ça.

Après une heure de route, nous pénétrons dans la forêt tropicale de Nyungwe, celle où nous avons été à deux doigts de nous battre contre les unités du FPR, épisode de notre *opération humanitaire* que je me garde bien de lui raconter. L'environnement est radicalement différent des collines plantées de théiers que nous venons de traverser. Ici les arbres sont gigantesques,

---

1. Centre national de la recherche scientifique.

la forêt semble impénétrable, hormis la route que nous suivons. Une végétation luxuriante dégouline du sommet des arbres, la *canopée* semble flotter entre ciel et terre. L'humidité et la chaleur sont intenses, la route d'asphalte brille comme un miroir et fait paraître plus sombre encore la forêt qui nous entoure. Nous traversons une immense serre tropicale, habitée de cris, stridulations et chants d'une faune omniprésente mais invisible. Nous ne croisons aucun véhicule sur la route nationale, pas plus que de piéton, comme si cette zone était désormais désertée par l'espèce humaine.

Au bout d'une autre heure de route, nous atteignons le centre de recherches du parc de Nyungwe, situé sur un col entre deux sommets. Il est remarquablement indiqué et nous entrons dans un hameau de petits chalets, construits en bois local dans un style soigné. Une association suisse a édifié ce centre et sa modernité étonne au cœur de cette forêt sans âge. Mais nous ne rencontrons âme qui vive, seule une brise sans vie souffle sur ces chalets en bois. Avec plus d'attention, je réalise qu'ils sont intégralement vides, comme s'ils avaient été dépecés : tout a été enlevé, pillé, arraché.

Nous explorons le site à pied, avec précaution. Un des légionnaires siffle, il a trouvé un corps sur la cour centrale de la station, un homme de grande taille, dont l'extrémité de chaque membre a été amputée. La victime est figée dans une attitude de terreur, elle semble regarder le ciel comme un ultime refuge.

L'escorte est sur ses gardes, je préviens le PC qu'il ne reste plus rien de la station de recherche du parc de Nyungwe. Florence est livide, mais je dois me concentrer sur les indices, raideur cadavérique qui montre que l'exécution remonte déjà à plus de vingt-quatre heures, peu de traces de sang par terre, la victime a donc été traînée ici après avoir été mutilée. Elle a été laissée en évidence au milieu de la station, comme un avertissement destiné aux réfugiés qui auraient voulu se poser ou s'établir ici.

Nous faisons attention de ne pas manipuler le corps, il pourrait être piégé avec une grenade dégoupillée ou une mine, et nous reprenons l'exploration du site, avec cette odeur de mort qui flotte désormais, sans doute plus dans nos têtes que dans nos narines. La tension se ressent jusque dans nos gestes, mais en dehors de ce sinistre macchabée, nous ne trouvons personne d'autre dans la station et pas la moindre information sur le Dr Stone.

Nous sommes pressés de repartir, mais déçus d'avoir récolté pour toute indication que le professeur n'est manifestement plus dans le centre de recherche.

À la sortie de la forêt de Nyungwe, j'aperçois sur le bord de la route des hommes portant l'emblème du parc sur leur veste. Nous nous arrêtons doucement à leur proximité, pour ne pas les effrayer. Ce sont d'anciens employés du centre, qui était aussi le siège de la réserve naturelle créée pour protéger cette forêt.

– *Je cherche le Dr Stone, peut-être savez-vous où il est parti ?*

Le plus jeune d'entre eux me répond, sans se formaliser de l'absurdité de cette situation où nous nous inquiétons d'un seul individu dans un pays qui a entièrement implosé…

– *Le Dr Stone, hein… il est parti du centre quand les hommes en armes ont dit qu'il fallait tout quitter et aller au Zaïre, moi je pense qu'il est là-bas maintenant. Nous, on est restés près de la forêt, peut-être que la guerre se terminera bientôt et que la réserve nous donnera de nouveau du travail et que tout reviendra.*

Je le salue poliment et nous repartons pour Bukavu au Zaïre, où nous avions récupéré Florence le matin même.

Sur la route de la frontière, nous nous arrêtons quelques minutes au PC de la compagnie Colin, au-dessus du camp de réfugiés de Nyarushishi. Florence souhaite interviewer le médecin chef du camp de la Croix-Rouge, en dehors de notre présence. De mon côté, j'aimerais discuter avec le capitaine Colin, qui avait proposé, quelques jours auparavant, de monter une radio locale pour passer des informations importantes aux réfugiés, puisque c'est leur seule source d'information *externe*. Nous avons tous entendu parler de la sinistre *Radio des mille collines*, qui a joué un rôle important dans l'incitation aux massacres, mais Garoh nous a assuré qu'elle avait été détruite par un raid des forces spéciales, et que les Rwandais écoutaient désormais les radios zaïroises.

[J'ai appris récemment que cette *Radio des mille collines* n'avait aucunement été détruite, et je ne crois pas que Garoh l'ignorait. Peut-être devait-il couvrir un échec, ou l'avions-nous laissée échapper pour ne pas indisposer les *amis de la France* ?]

À Nyarushishi, Florence revient un peu plus tôt que prévu de son interview, la Croix-Rouge internationale communiquant peu, et Colin l'aperçoit en train d'aborder le garde à l'entrée de son PC. Stupeur du commandant d'unité dans la mesure où les légionnaires ne donnent jamais d'interview spontanée et qu'il s'agit justement du soldat le plus fruste de la compagnie. Nous nous précipitons vers Florence pour lui demander de stopper ce qui se transforme inévitablement en reportage, mais il est déjà trop tard.

    — *Qu'est-ce que vous pensez de cette mission humanitaire ?*

    — *Humani… quoi ?*

Le capitaine Colin blêmit en imaginant le tour que peut prendre cet entretien, la Légion étrangère n'étant manifestement pas encore préparée aux journalistes *embedded*[1]. Cependant, avant même que Florence n'ait eu le temps d'entraîner ce légionnaire sur une pente dangereuse, celui-ci lui coupe la parole,

    — *Vous êtes journaliste pour quel canard ?*

    — Libération, répond Florence, un peu étonnée.

    — *Ahhh,* Libé… *Je peux vous poser une question ?*

Florence acquiesce, Colin vire au rouge.

Avec son air le plus réfléchi, le légionnaire lui demande,

    — *Pourquoi vous avez supprimé la rubrique des petites annonces des anciens taulards ?*

Florence se préparait à tout sauf à cette question, elle bafouille une réponse dénuée de sens sur un test qui n'aurait pas abouti mais qui serait relancé sous forme d'un autre test, et j'en profite pour l'embarquer, Bukavu nous attend.

Déstabilisée par la réaction du garde, Florence répète en boucle « *ça alors, ils sont étonnants ces légionnaires* ». Pas facile en effet de déchiffrer ce monde où l'uniforme sert de couverture à des personnalités aussi complexes qu'inattendues, déstructurées et réordonnées dans une discipline de fer, mais dont l'histoire reste à fleur de peau.

Nous arrivons au pont de Cyangugu et nous finissons de traverser la frontière quand un attroupement se forme sous nos yeux, avec la soudaineté stupéfiante d'un arbre qui s'écroule en forêt : un jeune Rwandais a eu l'outrecuidance de résister aux douaniers zaïrois lorsque ceux-ci ont voulu confisquer le madrier en bois qu'il portait sur l'épaule. Ils le rouent de coups de pied et de trique. La foule se précipite pour assister au lynchage, elle hurle, crie, vocifère au rythme des coups qui pleuvent. Florence est sous le choc, elle me saisit par le bras et demande pourquoi nous n'intervenons pas.

---

1. Journalistes « embarqués », expérience initiée par les Américains lors de la première guerre du Golfe en 1991.

J'y réfléchis depuis le début, mais cela se passe du côté zaïrois et nous ne sommes que trois à être armés, alors qu'il y a plusieurs centaines de personnes dans cette émeute et des soldats zaïrois tout autour… Je l'explique sobrement à Florence qui réalise notre impuissance, elle a les larmes aux yeux. La foule se retire aussi rapidement qu'elle s'était rassemblée. Il ne reste plus qu'une masse informe sur la chaussée mal goudronnée. Nous devons repartir pour Bukavu.

Colin m'a indiqué quelle était la radio la plus écoutée par les réfugiés rwandais, elle émet depuis Bukavu et nous nous garons devant l'immeuble délabré qui l'abrite. Florence monte avec moi, les légionnaires restent avec la P4.

— *Bonjour, je voudrais passer une annonce pour retrouver un homme, le Dr Stone, il est peut-être réfugié autour de Bukavu et si nous avons de la chance, il pourrait entendre le message et prendre contact avec nous.*

Le jeune homme qui nous reçoit est tout sourire.

— *C'est un plaisir de vous aider à retrouver un réfugié, mais les annonces sont payantes et il faut que nous puissions indiquer clairement le moyen de vous contacter, car la radio ne peut pas faire l'intermédiaire.*

— *OK pour les frais, je prends en charge, le point de contact le plus simple est le bureau de UNHCR à Bukavu, j'y passe souvent pour voir un ami, indiquez au Dr Stone de prendre contact avec le capitaine Ancel, A-N-C-E-L.*

— *On peut passer une annonce quatre fois par jour, pendant une semaine et ça vous coûtera 5 $.*

Je pose le billet vert sur la table, c'est sans doute cinq fois le tarif mais je n'ai pas le temps de négocier, et je demande simplement quand l'annonce pourra commencer.

— *Là, ça peut être le problème, parce qu'il y a beaucoup de demandes en attente, mais bon disons que je peux accélérer le passage, mais ça fait des frais supplémentaires, qu'il faut discuter entre nous...*

Dommage, il va trop loin. Tout en l'écoutant avec attention, je sors négligemment un chargeur de mon brêlage de combat et j'aligne les cartouches de 9 mm sur le comptoir, une par une, méthodiquement. Le type n'est pas très honnête mais loin d'être idiot, il me sourit et renonce finalement à sa *com*. Florence ricane, elle ne connaissait pas cette manière de gérer les pots-de-vin.

Nous allons au siège d'UNHCR pour les prévenir, leur quartier est à proximité de la radio. Mon ami le directeur danois me promet de passer la consigne pour le Dr Stone.

En ressortant de ses bureaux, un petit monsieur, la cinquantaine enjouée et une extraordinaire casquette blanche sur la tête, nous attend devant la P4. Avec un grand sourire, il me demande si je connais « *le général Ancel, qui le cherche sur la radio* ». C'est le Dr Stone.

Le soir, de retour sur l'aéroport de Cyangugu, Lemoine m'informe que je suis autorisé à passer un appel téléphonique privé avec le système par satellite, limité à cinq minutes compte tenu de son coût prohibitif. Je ne m'y attendais pas... Une foule de questions se précipitent dans mon esprit alors que je n'ai reçu aucune nouvelle de mes proches depuis un mois maintenant.

Je saisis avec émotion le combiné en plastique noir et je compose le numéro de mon domicile à Lyon, les chiffres s'affichent en traits rouges sur le minuscule écran. Le décompte commence dès l'accrochage du satellite, quelques secondes d'attente encore, une tonalité métallique résonne enfin pour signifier que ça sonne chez moi. Dans une ultime réflexion, je me dis qu'il faut surtout que j'essaie d'apaiser l'inquiétude suscitée par cette opération tandis que les informations diffusées sur le Rwanda ne doivent pas être des plus rassurantes.

Septième sonnerie, le répondeur s'enclenche. Dépité, j'entends la voix empruntée de l'annonce – la mienne – invitant à laisser un message en notre absence, je bafouille quelques banalités, *mon temps* est consommé.

Aéroport de Cyangugu, Rwanda.
21 juillet 1994

Lever des couleurs à 6 h 30, tous les militaires disponibles sur la base sont réunis autour du mât où un drapeau français monte fièrement dans le ciel déjà brillant. J'aime bien ce rituel, les militaires qui se figent au garde-à-vous, la solennité des quelques notes nasillardes du clairon dans la froideur du matin, ce recueillement silencieux précédant une journée dont nous ignorons tous l'issue. Je prends mon air sérieux et un peu sévère.

Mais à l'instant, je sens une coulée humide le long de ma jambe, quelques secondes pour réaliser que c'est une diarrhée incontrôlable, je quitte rapidement les rangs pour rejoindre l'endroit destiné à notre toilette. À l'abri des regards, je me lave avec nervosité, ça ne m'était jamais arrivé et je me remémore ce que nous a dit hier le toubib sur le choléra, symptômes et dangerosité, je me sens oppressé. Qu'est-ce qui m'arrive ? Je ne vais quand même pas *tomber* malade maintenant ? J'ai tellement à faire…

J'essaie de récapituler : je me lave précautionneusement les mains avant chaque repas, je n'accepte jamais d'eau dont je ne suis pas sûr de l'origine, je ne consomme malheureusement aucune nourriture locale… En fait, ce qui m'interroge le plus est de me sentir aussi effrayé. Certes, j'ai appris hier qu'un camarade des forces spéciales avait *attrapé* le choléra et qu'il avait été vraiment mal en point pendant plusieurs jours, faute d'un diagnostic précoce. Cela n'aide pas à rester serein.

Je rejoins discrètement mon lit de camp pour me changer, et je récupère dans ma trousse les médocs antidiarrhéiques recommandés par le service médical. Double dose. J'essaie de faire le point, réaliser ce que je ressens, m'apaiser. Mes intestins sont sens dessus dessous. Je me résous enfin à prévenir le toubib, je ne peux pas prendre le risque de cacher mes symptômes simplement parce que je ne les trouve pas reluisants, à moins que ce ne soient mes réactions…

Le médecin plaisante en m'auscultant, il me trouve trop maigre et me diagnostique une superbe gastro-entérite qui ne va pas aider à me remplumer. Il me prescrit du Coca et les médocs que j'ai déjà pris, il m'autorise (en maugréant) à partir en mission dès cet après-midi, à condition que je ne conduise pas. À mon tour de me moquer de ma propre frayeur alors que j'ai la chance de pouvoir être soigné sans délais. Ce n'est pas facile à accepter, d'avoir eu peur.

Le soir, je dîne essentiellement des biscuits vitaminés de nos rations, qui permettent de colmater n'importe quelle brèche. Je les mastique lentement, en buvant beaucoup d'eau. Il ne reste plus autour de la table que le commandant Tomasch, un des officiers français qui était détaché auprès du gouvernement rwandais avant notre intervention, au ministère de la Défense je crois. Il aide maintenant Garoh à *gérer les relations* avec les autorités rwandaises, en particulier celles qui partent se réfugier au Zaïre grâce à notre protection. C'est un officier des troupes de marine, de grande taille, maigre et au teint hâlé, il aurait belle mine s'il n'avait toujours cet air soucieux.

Entre deux bouchées, j'essaie de lui parler un peu car il est en général d'une grande discrétion, voire taiseux. Ce soir, il me confirme qu'il était bien à Kigali, la capitale du Rwanda, quand le président Habyarimana a été assassiné début avril, donnant le signal du déclenchement des massacres. Des massacres qui nous paraissent maintenant complètement organisés et orchestrés.

Tomasch évoque le sous-officier de gendarmerie et sa femme qui ont été massacrés dans leur maison. Ses yeux brillent, son regard s'agite, des images ressurgissent. Il me raconte qu'il était bien intégré dans le ministère et qu'il pouvait accéder à la plupart des informations. Il me semble mûr pour que je puisse enfin le questionner sur le sujet qui m'interroge depuis le début de cette intervention,

– *Quand vous étiez à Kigali, auprès du gouvernement, quels signes de la préparation des massacres vous avez perçus ? Et quelles réactions cela a déclenché du côté français quand vous les avez rapportés ?*

Mais Tomasch se referme aussitôt, comme s'il était impossible d'aborder ce sujet, qu'il fallait le taire à tout prix.

Je le sens particulièrement troublé par ma question, sinon pourquoi réagirait-il ainsi ? Compte tenu de sa place, je n'imagine pas qu'il ait pu ne rien voir et encore moins n'avoir rien rapporté, car c'était justement son rôle.

Je reprends ma patiente mastication en essayant d'imaginer pourquoi il estime désormais nécessaire de le nier.

Nous sommes dans la nuit rwandaise, au coeur du drame que nous n'avons pas su empêcher.

Aéroport de Cyangugu, Rwanda.
23 juillet 1994

L'atmosphère est morose ce soir autour de la table en bois où nous avons pris notre repas ensemble, les quelques officiers et sous-officiers de l'état-major du groupement sud. L'aumônier militaire a plombé l'ambiance, mais j'espère que tout le monde a apprécié la franchise du père Popielsko.

Une semaine plus tôt, alors que nous portions secours à l'évêque de Cyangugu, la Légion étrangère a accueilli un réfugié qui leur demandait… d'accepter son aide :

Un homme d'une trentaine d'années s'est présenté au check point avant la frontière zaïroise. C'est un médecin rwandais qui affirme avoir perdu toute sa famille dans les massacres et propose ses services pour aider ses prochains plutôt que de s'enfuir au Zaïre. Le lieutenant-colonel Garoh le reçoit personnellement pour le remercier de son dévouement et de sa grandeur d'âme, il est particulièrement sensible au discours ultra-catholique qui sous-tend sa démarche.

Ce réfugié exemplaire se voit proposer de s'occuper d'un dispensaire pour accueillir les patients opérés par les médecins militaires et qui commencent à saturer les installations du stade de Cyangugu. Il accepte immédiatement et le détachement médical peut installer au séminaire, d'où nous venions de chasser les miliciens, une annexe pour les convalescents de l'hôpital. Ce dispensaire accueille rapidement une vingtaine de patients sur lesquels ce médecin réfugié est chargé de veiller.

Belle histoire, réconfortante et inspirante, si ce n'est que nos médecins militaires constatent une nette augmentation de la mortalité postopératoire de leurs patients. Les décédés ne présentent aucun signe particulier, ni de syndrome commun en dehors du fait qu'ils sont hébergés au dispensaire.

Le père Popielsko décide d'enquêter, sous couvert de ses insomnies connues de tous. Dans la nuit, il entre au séminaire comme si de rien n'était et fait le tour des patients. Il est plus de 1h du matin et le médecin rwandais dort, ce qui n'a rien de surprenant. Sauf qu'il a pris soin de débrancher les perfusions de ses patients, « *pour ne pas être dérangé* »…

Les toubibs de l'hôpital ont pris le relais immédiatement et éjecté le *bon Samaritain*. Ce dernier est ramené sur notre base et interrogé dans la matinée par le capitaine de Pressy, homme de confiance de Garoh, assisté de l'aumônier par qui le scandale est arrivé. Ce réfugié exemplaire n'a en réalité jamais été médecin, tout au plus a-t-il suivi trois années de formation médicale en URSS dans les années 1980 avant d'en être expulsé. Il espérait être protégé par l'armée française en rendant quelques services et en s'abritant derrière sa foi religieuse.

Il n'y a plus de système judiciaire au Rwanda, ni de prison. Pressy a décidé de faire accompagner cet imposteur au Zaïre et de le livrer à son sort. Il pensait ne pas ébruiter cette triste affaire, mais le père Popielsko en avait gros sur le cœur et a voulu nous raconter comment nos convictions peuvent aussi nous aveugler.

Aéroport de Cyangugu, Rwanda.
24 juillet 1994

Des légionnaires ont intercepté une cargaison d'armes sur un de leur check point. Trois hommes les transportaient dans deux pick-up qui venaient du Zaïre. Évidemment, ces personnes prétendent ne rien savoir et répètent inlassablement que ces armes ont été déposées dans leur camionnette *à leur insu*.

Il paraît important de les interroger rapidement, nous avons de sérieuses raisons de penser qu'ils venaient armer un groupe dans la zone humanitaire sûre, et sans doute pas pour nous aider. Les trois hommes sont assis autour d'une table, dans une des tentes de l'état-major de Cyangugu, sous la garde vigilante d'un légionnaire. Malvaud, l'officier rens, les questionne depuis deux heures, assisté par un adjudant-chef qui travaille souvent avec lui. Les prisonniers ont le regard vide des personnes qui préféreraient être ailleurs.

Tout ce que Malvaud arrive à obtenir d'eux est qu'on leur a demandé de conduire ces véhicules depuis un village au Zaïre jusqu'à Cyangugu où ils devaient être récupérés par d'autres. Cela ne fait pas beaucoup, mais il n'est pas évident qu'ils en sachent vraiment plus.

Malvaud nous fait son maigre compte rendu au debrief opérationnel du soir, il estime probable que ces hommes allaient armer une milice, peut-être contre nous, et que la connaissance de leur destinataire est « sensible ». Tout le monde partage sa préoccupation quand l'adjudant-chef propose qu'on lui laisse les prisonniers pendant quelques heures, il se fait fort « *de les faire parler avant la fin de la nuit* ».

Garoh et Malvaud observent les participants au briefing qui semblent hésiter à prendre la parole, comme si leur silence pouvait valoir acceptation. Je n'attends pas plus longtemps pour exprimer ma position, qui est un refus catégorique. J'estime en effet que si nous franchissons cette ligne rouge, personne ne pourra plus la faire respecter, par qui que ce soit.

L'adjudant-chef insiste néanmoins et les autres participants se tournent vers moi, attendant de voir si je me conformerai à une forme de majorité silencieuse, si pernicieuse. Je n'aime pas ce débat, alors je décide d'y mettre un terme,

– *Si quelqu'un s'avise de torturer un prisonnier, je porterai plainte contre lui et il sera poursuivi par la justice dès son retour en France, quel que soit son grade, ses raisons ou l'amitié que je lui porte. Et ceux qui l'auront couvert seront complices aux yeux de la loi. Est-ce que je suis bien clair ?*

Le lieutenant-colonel Garoh s'exprime enfin, pour valider cette interdiction et il lève la séance, la question est close. Je ne saurais jamais s'il partageait mon point de vue, mais il avait bien compris que je ne bluffais pas. Nos *anciens*, quand ils arrivaient à parler de la pratique de la torture pendant la guerre d'Algérie, nous ont laissé suffisamment de temps pour y réfléchir et ne plus la tolérer. La torture apporte essentiellement de fausses informations, elle détruit ceux qui la subissent comme ceux qui la pratiquent, et elle ouvre une boîte de Pandore, celle de la violence pour la souffrance, que nul ne sait refermer.

En sortant de la tente, Malvaud, une clope au bec, me glisse à l'oreille,

– *Cette ligne rouge, quand elle est franchie, personne n'en revient jamais,* et il va se coucher.

La nuit est claire, les étoiles brillent.

Plus tard, dans mon sommeil, un cauchemar terrible me réveille en sueur, j'entendais les cris déchirants d'un homme sans pouvoir m'approcher de la tente où il était torturé. Sans pouvoir ou sans vouloir ? Ce cauchemar m'a marqué, je n'ai jamais pu l'oublier.

Cyangugu, Rwanda.
26 juillet 1994

La présence de miliciens nous a été rapportée, dans le quartier du stade où est installé l'hôpital de campagne, mais je n'en trouve pas de traces. Je pense qu'il s'agit plutôt de pillards, qui sévissent désormais en grand nombre tandis qu'il n'existe plus aucune force de l'ordre dans cette partie du Rwanda.

Sur la route, nous dépannons la 4x4 d'une nouvelle ONG, dont les deux seuls membres essaient sans succès de redémarrer le moteur devant un garage abandonné et éventré. En d'autres circonstances, je n'aurais pas ralenti, mais un détail m'a arrêté : l'un des *humanitaires* est une jeune femme trop peu habillée pour ne pas attirer dangereusement l'attention. Un groupe d'hommes s'est constitué derrière elle et, à leurs gestes, je ne suis pas persuadé que ce soit pour lui porter assistance.

Je fais garer notre P4 à sa hauteur, elle porte un jean soigneusement déchiré sous les fesses et un T-shirt si fin qu'il ne laisse rien ignorer de sa poitrine nue. Le groupe d'attentifs se desserre aussitôt. Mon garde du corps tente de relancer leur moteur pendant que je briefe les imprudents sur la situation moyennement sereine qui prévaut ici. Ce sont deux jeunes Allemands qui croyaient être encore au Burundi. Lui réalise d'un coup le merdier dans lequel ils se sont mis et me remercie. Mais elle feint de ne pas comprendre mon anglais, ni la situation, et me toise du regard comme si je voulais l'empêcher d'accomplir sa mission. Je ne lui cache pas plus longtemps mon agacement, dans une expression qui n'a pas besoin de traduction, et je les convaincs de dégager du Rwanda, au grand soulagement de son compagnon.

Le PC opérationnel me demande par radio de rejoindre l'hôpital. Le médecin chef m'attend sur place et me prie de l'accompagner. Je le suis avec étonnement vers les gradins du stade,

— *Deux de nos toubibs ont ramené cet après-midi un personnage étrange, débarqué d'un vol militaire à Bukavu. Il cherche une aide particulière, qui serait plutôt dans vos cordes.*

Nous montons jusqu'au dernier rang où plusieurs personnels de santé discutent avec un grand type à l'allure martiale. Ce dernier se lève à l'approche du médecin chef, qui me présente,

— *Le capitaine Ancel vient du détachement de la Légion étrangère, il pourra sûrement vous aider.*

— *Jean Grapeloud, j'arrive de Suisse pour chercher des personnes en danger.*

Une fois debout, il m'apparaît encore plus grand. Des cheveux courts et des tempes grisonnantes encadrent un visage aussi grave que calme, seuls ses yeux semblent petits mais son regard est perçant et droit comme sa haute stature. Il est impressionnant et je n'ai pas l'intention de le lui montrer. Je le tutoie d'emblée,

— *Qu'est-ce que je peux faire pour toi ?*

Il me présente un message du général commandant l'opération Turquoise demandant *de lui apporter toute l'aide possible dans ses recherches, dans la mesure des moyens disponibles.* Une formule qui n'engage à rien et que je survole sans montrer le moindre intérêt. Il n'a pas l'air surpris et aborde différemment le sujet,

– Je suis capitaine dans l'armée suisse, mais je viens à titre personnel pour aider une famille rwando-portugaise dont un membre vit dans le Valais, mon canton d'origine. Cette personne pense que sa famille a été massacrée mais qu'une partie a pu se réfugier dans une zone tenue par des milices. Les rescapés ne pourront pas en réchapper sans aide. Peux-tu m'aider à les retrouver et les sortir de là ?

J'ai toujours aimé qu'on me demande de l'aide, mais c'est son audace dénuée d'intérêt personnel qui retient mon attention et suscite tout de suite ma sympathie. De toute façon, je cultive la solidarité entre capitaines – en opération ce sont les capitaines qui mènent – et je suis conscient aussi qu'il ne peut rien tenter côté rwandais sans notre assistance. Alors je le branche gentiment,

– Si je comprends bien, tu es venu de ta propre initiative, tu veux rentrer dans une zone tenue par des massacreurs, pour rechercher d'hypothétiques survivants et tout ça pour aider un Rwando-Portugais, parce qu'il vit dans la même vallée que toi en Suisse ?

– C'est plutôt exact à un détail près, ce n'est pas un, mais une Rwando-Portugaise à qui j'ai proposé mon aide, le reste me semble bien résumé.

Son affaire m'intéresse d'autant plus que je n'ai pas l'intention de me soumettre à l'autorité des milices même si je me doute que nous ne pouvons pas contrôler intégralement la zone humanitaire sûre. Je lui donne mon accord immédiat pour l'aider, à la condition qu'il soit bien clair que la responsabilité de l'opération m'appartient et qu'elle devra stopper si j'en décidais. Jean sait qu'il n'est pas en position de refuser, et nous pouvons commencer à travailler.

Pendant deux heures, nous examinons les informations dont il dispose. Je suis sensible à la force qui se dégage de son calme et à sa détermination.

Jean s'est déclenché en écoutant le témoignage d'une animatrice de Radio Sion, Maggy Morreia, alors qu'il prenait quelques jours de vacances dans sa ville natale. Des rescapés de la famille de Maggy auraient survécu aux miliciens qui les traquent et seraient cachés dans la zone même que nous contrôlons.

Il avait entendu des réfugiés rwandais arrivés en Suisse raconter les mêmes horreurs, l'extermination systématique et la cruauté sans limites, les enfants tués à coup de machette *parce qu'ils ne valent pas une balle*, les tendons sectionnés pour immobiliser les victimes qu'on reviendra achever plus tard comme des animaux…

Il a estimé qu'il devait faire quelque chose, même si ce n'était qu'à son échelle, sans doute pour compenser la neutralité exaspérante de sa nation qui s'était pourtant tellement impliquée dans le développement du Rwanda. Il a donc décidé de venir sur place pour aider Maggy à rechercher ce qui reste de sa famille, en comptant sur l'aide de l'armée française.

Nous décidons de nous retrouver le lendemain matin avec la Rwando-Portugaise qui loge dans un hôtel à Bukavu, côté zaïrois. Les toubibs hébergent Jean pour la nuit, je rentre avec ma petite équipe sur la base de Cyangugu où m'attend le lieutenant-colonel Garoh. Je lui explique rapidement la rencontre avec le capitaine Grapeloud, dont il est déjà au courant car l'état-major de Turquoise lui avait transmis le message que Jean avait en main. Il me prévient que Jean est aussi un diplomate du gouvernement fédéral suisse. J'imagine que celui-ci a omis de m'en parler parce que son statut diplomatique lui importe peu dans cette situation, ce qui n'est pas pour me déplaire.

Après le dîner, je procède au nettoyage approfondi de mon arme, une autre manière de laisser ma réflexion tourner librement. J'apprécie en particulier ce moment, lorsque je vide les trois chargeurs de douze cartouches pour vérifier les ressorts et l'état des munitions. Je les aligne consciencieusement devant moi, sur trois rangées, avec une alternance de munitions perforantes et de balles expansives. Une alternance pour parer à toutes les situations : perforante pour traverser le blindage léger d'un gilet pare-éclats en kevlar et expansive pour stopper net un homme en furie, une symétrie parfaite pendant que mes pensées deviennent chaotiques. Laisser les questions non exprimées remonter à la surface, explorer des alternatives dans une mission qui s'annonce complexe et mal éclairée…

La nuit est déjà avancée, j'écris quelques lignes à ma femme, sans savoir si elle recevra cette lettre avant des semaines et conscient qu'elle ne pourra pas y répondre. Je l'imagine se levant dans la nuit pour s'occuper d'Agathe, qui n'a pas encore trois mois et dont le sommeil est très agité. Je sais combien elle doit être impatiente de me voir rentrer, moins pour m'occuper des enfants que pour la rassurer. Heureusement qu'elle est là, si loin et si proche de moi en réalité. Elle a accepté de renoncer à ses recherches en archéologie pour assurer la stabilité dont nos enfants ont besoin et que je ne peux procurer avec mon activité très *opérationnelle*. En fait, je suis sûr qu'elle rêve de repartir fouiller sur l'île de Délos avec l'école française d'Athènes dont son directeur de recherches est maintenant le patron, mais elle est tellement plus patiente que moi…

Il est tard quand je me glisse enfin dans mon sac de couchage, bercé par les ronflements de mon entourage. Des souvenirs d'enfance me reviennent, mes grands-parents qui ronflaient de concert dans cette immense chambre de leur belle propriété en Dauphiné, je me sentais rassuré par leur présence sonore et bienveillante, dans l'obscurité inquiétante des nuits à la campagne.

Sud du Rwanda.
27 juillet 1994

J'ai récupéré Jean à l'hôpital de campagne et nous partons en P4 au Zaïre, par le poste-frontière de Cyangugu. La colonne de réfugiés est toujours importante et les douaniers zaïrois sont maintenant renforcés d'unités aussi spéciales que dénuées de scrupules ; je reconnais l'insigne des *léopards*, salopards patentés qui se sont spécialisés dans le racket. Ils arrêtent notre P4, un obèse porteur d'étoiles m'aboie qu'ils contrôlent désormais l'entrée des réfugiés, y compris dans les véhicules français.

Jean nous indique la route qui contourne la ville de Bukavu et permet d'accéder à une zone résidentielle sur les bords du lac Kivu. Avec un air de Côte d'Azur, des villas somptueuses se répartissent harmonieusement sur la pente qui semble glisser avec douceur vers les eaux imperturbables du Kivu, au milieu d'une végétation luxuriante. Une de ces maisons coloniales a été transformée en lodge-hôtel, Les oiseaux du paradis.

Entrer dans ce luxe, à quelques coups d'aile seulement d'une zone de guerre, est une expérience étrange. Je me sens mal à l'aise dans mon treillis poussiéreux, armé jusqu'aux dents, en pénétrant dans ce lieu hors de la réalité, où s'enivrent avec volupté de vieux Occidentaux entourés de créatures superbes et bien trop jeunes pour eux.

Jean n'y porte aucune espèce d'attention et trouve rapidement son contact rwando-portugais, Maggy. C'est une grande et belle femme mûre, au rire chaleureux. Elle est entourée de vieux fonctionnaires de l'ONU, de ceux qui ont accepté depuis longtemps que leur vraie plus-value soit d'assumer leur inutilité en échange d'un salaire confortable. Ils la draguent ostensiblement et elle s'en amuse, mais quand elle reconnaît Jean et m'aperçoit à ses côtés, elle congédie sur-le-champ ces soupirants superflus.

Jean me présente ; Maggy sourit mais je sens chez elle une réticence, parce que je porte un drapeau français sur l'épaule. Néanmoins, elle aborde sans détours la vraie raison de sa présence, avec un parfait accent valaisan.

Son père était un homme d'affaires portugais qui avait développé plusieurs activités au Rwanda, pays natal de sa mère. La plus grande partie de sa famille naviguait entre l'Europe et l'Afrique, quand les massacres ont commencé. Ceux qui ont eu la malchance de croiser les milices ont été systématiquement tués, mais Maggy a reçu récemment encore des nouvelles de sa mère, d'une sœur, d'un frère et d'un enfant qui seraient réfugiés dans une ferme appartenant à leur famille, au sud du massif de Nyungwe, dans une zone aujourd'hui bouclée par la milice.

Un ancien employé de son père, Auguste, un Hutu qui habite à Bukavu au Zaïre, s'est occupé d'eux et a transmis régulièrement de leurs nouvelles. Mais il a perdu leur contact depuis plusieurs semaines. La milice l'a averti que ces rescapés étaient désormais ses otages et que toute tentative de récupération signerait leur arrêt de mort, immédiat.

Maggy a été approchée par une société britannique de mercenaires – pardon, de *conseillers en sécurité internationale* – qui lui ont demandé 250 000 $ pour envisager une opération improbable.

Elle est maintenant au bord des larmes, alors que quelques minutes plus tôt elle plaisantait avec sa cour. Désespérée de ne pouvoir rentrer au Rwanda dont elle est convaincue qu'elle ne ressortirait pas vivante, Maggy réalise que l'armée française est sa dernière chance de retrouver sa famille, et mon arrivée dans cet hôtel irréel semble paradoxalement lui redonner espoir. Elle commence à me regarder différemment.

Je lui dis que je veux voir son contact zaïrois au plus vite, vérifier le maximum d'infos en les recoupant et agir rapidement. En réalité, j'ai peur qu'il ne soit trop tard, mais je garde cela pour moi.

Traversée de la ville de Bukavu, pour arriver dans un quartier glauque, bien différent du lodge d'où nous venons. Nous pénétrons avec Jean et Maggy dans un immeuble crasseux et déglingué. Un petit garçon nous ouvre la porte, Maggy parlemente en kinyarwanda. Il nous laisse entrer dans un minuscule appartement où semble vivre une multitude d'enfants et de grands-parents. Tous montrent la mine inquiète de ceux qui craignent les hommes en armes, quelle que soit leur couleur de peau ou de béret.

Mais Maggy s'exclame bruyamment de joie en apercevant enfin son *contact*. Auguste est un homme de petite taille, vêtu d'un discret jogging rouge et coiffé d'un béret bleu vif, même au milieu de son salon. Il nous fait asseoir et nous offre le thé, il écoute Maggy le rassurer en français sur les raisons de notre présence. Auguste ne cache pas combien il a peur de revenir dans la zone tenue par la milice tandis qu'il doute que ceux qu'il a aidés pendant plusieurs semaines aient pu survivre seuls dans cette tourmente.

Je lui demande d'accepter de nous accompagner pour enquêter. Auguste veut bien retourner au Rwanda à condition de ne pas rentrer dans la zone de la milice. Il nous dit qu'il peut essayer de trouver d'autres contacts à proximité.

Nous nous mettons d'accord pour un départ tôt le lendemain matin et une recherche de contacts au plus près du secteur tenu par ces miliciens, qui se trouve à une soixantaine de kilomètres de la frontière, au cœur de la *zone humanitaire sûre*.

Maggy est vraiment effrayée à l'idée de se rendre au Rwanda et je n'ai pas de mal à la convaincre de rester dans son hôtel de luxe, entourée d'un monde qui s'effondre. Avant de la laisser, je lui redis avec force conviction que notre expédition du lendemain ne peut pas servir à autre chose qu'à chercher des informations et qu'elle ne doit se faire aucune illusion. Je suis aussitôt approuvé par Auguste et Jean qui, eux, m'accompagneront. J'ai déjà une idée assez claire de la manière dont nous procéderons.

De retour à la base, je demande de préparer deux P4 et une escorte de légionnaires pour rentrer dans cette zone que l'officier rens me confirme être un *no man's land* tenu par une des pires milices. Mais tous les véhicules sont retenus le lendemain pour accueillir un officiel français accompagné de dizaines de journalistes. Pas de P4, pas d'escorte et évidemment aucun hélicoptère disponible. La discussion est serrée à l'état-major, finalement le commandant en second, le lieutenant-colonel Lemoine, m'apporte une aide déterminante. Grand type maigre et austère, à la peau tannée par le soleil de Djibouti, Lemoine ne s'occupe pas de mes affaires de recherche sauf quand ça pose un problème d'organisation, ce qui est le cas. Il accepte de me passer sa P4 (il ne la prête jamais) et demande à la compagnie Olivier, qui vient aussi de Djibouti, de me fournir une escorte d'un *groupe renforcé* de légionnaires à proximité de la zone que je veux explorer. Mais comme il n'y a pas d'hélicoptère de secours, je dois promettre de faire demi-tour si cela ne se passait pas comme prévu…

Je récupère pour mes accompagnateurs deux fusils d'assaut GALIL, confisqués sur les check points, des gilets pare-balles en kevlar, des vivres et de l'eau pour trois jours. Je consacre une partie de la soirée à étudier patiemment la carte de la zone qui m'intéresse, mémoriser les quelques routes qui semblent praticables, les itinéraires alternatifs et l'orientation des reliefs comme points de repère. Je m'interroge longuement, inquiet d'avoir oublié quelque chose d'important, et je déroule en boucle le scénario que j'ai maintenant en tête.

Sud du Rwanda.
28 juillet 1994

06 h

La nuit s'est déjà effacée, un caporal-chef avec moi, nous investissons la P4 de Lemoine qui est clairement le véhicule en meilleur état du parc. Camouflage sable impeccablement entretenu depuis l'opération Tempête du désert[1] au Koweït, trois ans plus tôt, la bâche roulée avec soin sur les côtés, des fanions d'unité en haut des antennes radio sur chaque angle arrière du véhicule. En plus elle est propre, et même d'une propreté incroyable, je comprends pourquoi il n'aime pas la prêter, j'imagine qu'il passe discrètement après le lever des couleurs du matin pour vérifier qu'aucun oiseau n'ait souillé sa P4 pendant la nuit. Rien que s'asseoir dans ce véhicule donne l'impression de le salir...

Nous récupérons Jean au Zaïre, à l'hôtel-lodge Les oiseaux du paradis, bercé dans la lumière orangée du lever de soleil. Jean est habillé sobrement, un grand T-shirt foncé, un pantalon de toile plus résistant qu'élégant. Seuls quelques détails révèlent ses intentions, notamment les rangers aux pieds et le couteau sur le côté. Il porte un petit sac à dos qu'il glisse sous la banquette de la P4. En montant à l'arrière, il voit les GALIL,

---

1. Nom de l'opération militaire internationale menée pendant la première guerre du Golfe (1991).

me demande s'il peut en prendre un – je les avais emportés pour cela – et le teste minutieusement.

Je sais combien il est pénible de se retrouver dans une situation de guerre sans armes, l'ONU me l'avait fait expérimenter au Cambodge deux ans plus tôt et je n'avais trouvé de sécurité qu'avec l'arrivée d'une escorte de parachutistes uruguayens. J'étais observateur militaire et négociateur chez les Khmers rouges, en pleine jungle à la frontière de la Thaïlande et du Laos. J'avais eu du mal à conduire cette mission au milieu de factions qui ne connaissaient plus que le langage des armes, et le fait d'être protégé par des soldats expérimentés avait considérablement amélioré mon efficacité.

Je n'avais pas dit à Jean ce que nous allions faire ce matin, mais il l'avait compris, dans mon regard, lorsque j'avais expliqué à Maggy qu'une exfiltration n'était pas envisageable pour l'instant et qu'elle ne devait rien attendre de cette première expédition. Je sens déjà qu'avec Jean nous nous comprenons à mi-mots.

Nous passons prendre Auguste, notre contact ; il a toujours son jogging rouge, son béret bleu vissé sur la tête et il porte ce matin des Nike jaune fluo. Auguste rechigne un peu quand je lui explique mon plan, mais se laisse convaincre que, pour trouver des indices, il nous faut entrer dans la zone sensible et rejoindre la ferme où il a vu les rescapés pour la dernière fois.

Il me répète que les miliciens, en nous voyant pénétrer dans le secteur, vont éliminer ce qui reste de la famille de Maggy. J'y ai longuement pensé hier et il me semble que, dans ce contexte, il est trop tard et trop dangereux d'organiser une enquête préliminaire. Je préfère donc l'option *raid par surprise* qui est plus dans mes cordes, sachant par l'officier rens que les miliciens ne disposent pas de réseau radio et qu'ils sont vraisemblablement peu coordonnés.

J'ai estimé à deux heures notre *liberté d'action,* une fois rentrés dans le secteur de la milice. Deux heures pour rejoindre la ferme où les rescapés ont été laissés, forcer leur garde (qui ne doit pas mobiliser des bataillons non plus) et filer sous le nez de la milice. Deux heures pour les récupérer ou les perdre.

Auguste, notre contact-guide, est rassuré quand je lui dis que nous aurons une escorte de la Légion étrangère et que le deuxième fusil GALIL est pour lui, à condition de le rendre de retour au Zaïre. Nous partons vers la zone de la milice à toute vitesse, soit à peine 50 km/h... la P4 utilise en effet un intéressant mélange de kérosène et d'additifs qui ne permet guère de dépasser cette allure : pour alléger les contraintes logistiques, le Service des essences des armées n'a transporté au Rwanda que du carburant pour avion – du kérosène – difficile à substituer efficacement au diesel. Au moins nous ne risquons pas d'excès de vitesse.

Une heure plus tard, comme convenu, nous rejoignons notre escorte à la sortie d'un village, une dizaine de kilomètres avant de rentrer dans la zone tenue par la milice.

09 h 30

Les légionnaires de la 13ᵉ DBLE sont faciles à reconnaître, ils sont frigorifiés le matin par les températures d'altitude du Rwanda, auxquelles ils n'étaient plus accoutumés sur leur base de Djibouti. C'est le sergent-chef Tajjit qui commande ce groupe renforcé, il semble d'origine maghrébine, mais il est toujours difficile de connaître l'origine réelle d'un légionnaire : pouvoir l'occulter est un enjeu crucial pour la plupart d'entre eux. Il est venu avec une quinzaine d'hommes qui essaient de se réchauffer dans les premiers rayons du soleil, une P4 et deux VLRA dont un bâché, comme je l'avais demandé.

Nous nous synchronisons autour du capot de mon véhicule : je passerai en tête du convoi, Tajjit doit m'assurer une protection rapprochée et un périmètre de sécurité avec son groupe. Je prends le temps de réexpliquer *qui est qui* et ce que nous allons faire, pour que chacun comprenne bien le sens d'une action qui repose désormais sur notre capacité à agir ensemble. Rentrer dans la zone de la milice, atteindre le plus rapidement possible – donc sans se faire arrêter ou ralentir – la ferme où se trouveraient les rescapés, et les exfiltrer jusqu'au Zaïre pour les remettre à Maggy, sans se faire coincer. Simple de prime abord, mais tout le monde autour du capot a compris que cela ne se ferait pas tout seul. Le point crucial est le timing : quand nous rentrerons dans ce secteur, au carrefour coté 1414 en direction de Bugarama, nous disposerons de deux heures pour devancer la milice qui voudra liquider les rescapés, si ces derniers sont encore en vie.

J'ai remarqué que Jean était plié en deux en descendant de l'arrière de la P4, je lui propose d'organiser différemment notre véhicule ; je conduirai et il se mettra devant avec moi, le conducteur et notre guide, plus petits, passeront derrière. J'aurais préféré que Jean prenne le volant, parce qu'en réalité je n'aime pas le faire, mais cela poserait problème si nous avions un accident en opération dans une P4 militaire française, conduite par un diplomate/officier suisse présent officieusement au Rwanda pour récupérer une famille à moitié portugaise.

Nous prenons les *dispositions de combat*, toutes les armes sont approvisionnées, armées et prêtes à faire feu, munitions et équipements vérifiés. Le raid peut commencer.

10 h 15 : Début de l'exfiltration, compte à rebours H – 2

Nous arrivons au carrefour 1414, point d'entrée du secteur contrôlé par la milice, je déclenche le compte à rebours sur ma montre Casio, pour ne pas avoir à recalculer au fur et à mesure. Nous pénétrons dans une gigantesque forêt d'eucalyptus, très dense, qui n'aurait jamais permis à un hélicoptère de se poser. Les arbres sont magnifiques, j'aime l'odeur étrange et relevée des eucalyptus, mais ma préoccupation va au temps qui court déjà : deux heures seulement pour récupérer ceux qui auront survécu.

Nous avons parcouru un kilomètre à peine quand je vois miroiter sur la route encore goudronnée une large tache d'huile. La P4 commence à glisser sur la gauche, vers une pente très raide qui m'inquiète, j'essaie de revenir du côté droit, bordé d'un fossé peu profond, sans donner de coup de volant... mais la P4 part en vrille, se renverse, roule en tonneau, glisse sur le toit – heureusement protégé par un arceau de sécurité – dans un terrible grincement métallique avant de se fracasser dans le fossé.

Toutes les affaires ont volé dans la voiture, un des fusils d'assaut m'a assommé en m'ouvrant le front entre les arcades sourcilières. Je stoppe le moteur et sors à quatre pattes du véhicule, complètement estourbi. Les légionnaires d'escorte ont eu le temps d'arrêter leurs véhicules avant la tâche d'huile et accourent vers nous en évitant de glisser sur la chaussée. Les trois autres passagers de la P4 s'extirpent sans dégâts, mais le véhicule est en piteux état, malgré notre faible vitesse. Le pare-brise a explosé, les ridelles sont tordues, la bâche déchirée et les portes en toile pliées. Les légionnaires sont dépités, le sergent-chef Tajjit veut appeler le PC opérations pour demander du secours.

Je le stoppe net, je m'essuie le visage avec la main pour dégager un peu ma vue. Nous sommes déjà dans la zone de la milice, le compte à rebours est engagé, il faut continuer.

10 h 22

Tout va vite dans mon esprit, je n'ai pas l'intention de renoncer au premier obstacle, je donne l'ordre aux légionnaires de remettre la P4 d'aplomb. À huit, ils la retournent pour la mettre sur ses roues. J'ai l'impression qu'elle s'est rétrécie de dix bons centimètres en hauteur et élargie d'autant, je m'installe néanmoins au volant et essaie de la remettre en route. Elle démarre sans problème, avantage de ces engins rustiques.

Des légionnaires démontent tout ce qui est branlant ou dangereux. D'autres aident à récupérer le matériel éparpillé par terre et le ranger à l'arrière de la P4. L'infirmier du groupe m'assied sur une borne en pierre pour me nettoyer la plaie au front et le sang sur le visage pendant que Tajjit vérifie une dernière fois le véhicule. En dix minutes, nous sommes prêts à repartir, je passe à Jean une des grosses paires de lunettes prévues pour rouler sans pare-brise, la poussière dans le visage.

Il est 10 h 35, nous redémarrons, il ne nous reste plus que une heure quarante pour retrouver d'éventuels rescapés.

11 h 20, compte à rebours H – 55'

Après trois quarts d'heure d'une route qui s'est trop vite transformée en piste de terre, nous arrivons à un carrefour en X dans la forêt d'eucalyptus, c'est là que se trouve la ferme où notre guide a vu pour la dernière fois les rescapés de la famille de Maggy.

Je me présente au portail accompagné de Jean et Auguste, deux légionnaires nous escortent au plus près pendant que Tajjit sécurise la zone avec le reste de son groupe.

Nous appelons, personne ne répond, mais le portail est entrouvert et nous entrons prudemment. Une jeune femme traverse la cour à toute vitesse, comme pour nous éviter. Auguste arrive à s'interposer dans sa fuite et lui parle en kinyarwanda. Elle serait toute seule dans la ferme, avec son mari « *qui ne peut pas nous parler parce qu'il n'est pas disponible* ».

11 h 25, compte à rebours H – 50'

Je demande à Auguste, désormais guide, contact et interprète, qu'il lui fasse expliquer en détail ce qu'elle sait de nos rescapés.

– *Elle ne les a jamais vus, mais ils ne sont plus là...*

J'ai un peu de mal à comprendre et j'insiste. La femme a peur, c'est son mari qui sait, mais il est aux toilettes. Nous n'avons pas le temps de tergiverser, je lui fais demander d'aller chercher son mari sur-le-champ, et nous la suivons jusqu'à un petit cabanon au fond de la cour en terre battue.

Je l'arrête et lui demande d'un geste si c'est bien là qu'il se trouve. Elle le confirme, alors je l'écarte de la main gauche avant de faire sauter la porte d'un coup de pied. Son mari est debout, réfugié dans un coin. Ce genre de situation a le don de m'agacer, le type qui se cache et envoie sa femme au charbon. En plus, il ne regarde que Jean – avec inquiétude – sans doute à cause de sa grande taille. Je l'agrippe par le col pour le sortir de son antre nauséabond et le plaque sèchement contre le mur de planches.

– *Je suis sûr que tu me comprends très bien et je n'ai pas le temps de discuter, je viens chercher les Morreia, ils étaient ici, ils sont où maintenant ?*

Le type reste muet comme une carpe.

Je sors mon arme et la pointe délicatement sur son œil gauche, sans le quitter des yeux. C'est une image désagréable, le canon d'un pistolet juste en face de l'œil, ça réduit le champ de pensée et les capacités à inventer des mensonges. Il me répond dans un français chevrotant,

– *Ils sont partis, ils sont partis parce qu'ils avaient peur... Il y a trois semaines.*

— *Et tu ne les as pas aidés ?*

— *Non, je devais les garder là pour les miliciens mais j'ai fermé les yeux quand ils sont partis, j'ai dit qu'ils s'étaient enfuis et ils ne les ont pas trouvés sinon ils les auraient ramenés…*

11 h 30, compte à rebours H – 45'

Je suppose qu'il a suffisamment peur pour ne pas trop mentir et je réalise dans le même temps que, s'il dit vrai, nous venons de perdre la trace des Morreia au portail de cette maison.

Je relâche ce type, qui s'est sûrement emparé de leur ferme, mais j'ai d'autres soucis, je ne sais plus comment retrouver la piste des rescapés. Auguste me confirme dans mon inquiétude par sa mine désespérée, Jean par son silence. Nous ressortons de la ferme, dépités, nous sommes dans une impasse.

11 h 35, compte à rebours H – 40'

Quand je suis nerveux, je marche ; dans le cas présent je tourne en rond autour du croisement de pistes, qu'aucun véhicule n'emprunte. Les légionnaires, un peu à l'écart, attendent la suite que j'ordonnerai, tandis que je ne sais même plus par où commencer.

Un souffle balaye le carrefour, je relève les yeux et j'aperçois deux très vieux messieurs assis sous les arbres, calés sur un tronc d'eucalyptus au moins aussi ancien qu'eux. Ils sont tellement immobiles que je ne les distinguais pas de la végétation, deux lianes aussi discrètes qu'incurvées. Leurs yeux me fixent, l'un d'eux relève sa canne dans ma direction :

— *Tu cherches la famille Morreia… le père Morreia, il m'a donné du travail et il m'a aidé… moi je sais où ils sont partis se cacher, si tu veux les aider, alors viens avec moi.*

Et il déplie ses membres noueux avec une souplesse inattendue pour traverser le carrefour comme un coup de vent, il s'engage sur une piste que je n'avais même pas aperçue et qui grimpe sur la colline entre les arbres. Je me précipite derrière lui, Jean emboîte le pas, les légionnaires se déploient aussitôt pour nous protéger sans nous ralentir.

11 h 50, compte à rebours H – 25'

Le vieillard est le plus rapide de nous tous, et à plus de 2 000 m d'altitude, j'ai un mal fou à le suivre, Jean respire tellement vite qu'il ne peut plus me parler. J'aperçois les légionnaires qui progressent de part et d'autre de notre trajectoire, nous continuons à grimper sur cette colline dont je ne soupçonnais pas le dénivelé. J'ai le souffle court, cela fait maintenant plus de une heure trente que nous sommes rentrés dans la zone de la milice et je n'ai plus le temps de réfléchir aux options en cas de nouvelle impasse.

Les légionnaires s'agitent et me font signe que des hommes armés arrivent de l'autre côté de la colline, il faut accélérer l'allure. L'arme au poing, je force le pas, me concentrant sur les foulées de notre guide de fortune… ou d'infortune s'il nous emmène vers un piège. Des gouttes de sueur glissent sur mon visage et me brûlent les yeux, je sens mes muscles se raidir sous l'effort intense, chaque sangle de mon équipement se fait plus douloureuse et étouffante.

À quelques mètres du sommet, le guide s'arrête enfin. Une porte en bois apparaît, visible seulement de ce replat, c'est un abri creusé à même le flanc de la colline, dans la terre noire.

11 h 55, compte à rebours H – 20'

– *Ils se cachent là, à toi de les sauver.*

Et le vieux guide disparaît, sans un bruit, comme une ombre dans la forêt. Nous reprenons notre souffle, l'arme à la main, sans échanger un mot. Les risques défilent dans ma tête :

1. Si c'est un piège, nous ne pourrons nous en sortir qu'en ripostant avec la plus grande violence.

2. S'il reste des rescapés à l'intérieur et qu'ils ont des armes, ils risquent de nous tirer dessus dès que nous entrerons.

3. Si nous ne faisons rien, les miliciens nous auront rejoints dans quelques minutes et ça tirera dans tous les sens.

… Alors je choisis le plus court.

11 h 58, compte à rebours H – 17'

Je respire à fond, m'écarte de l'entrée et annonce avec autant de force que je le peux :

– *Armée française, ouvrez la porte !*

Pas de réaction, mes tempes bouillonnent et je ne sais même pas si j'entendrais le moindre bruit.

Plus le temps d'attendre, j'ouvre la porte d'un coup de pied – encore – l'arme empoignée à deux mains au niveau des yeux, chien armé, prêt à tirer, je m'engouffre dans l'abri.

C'est une espèce de grotte en terre, éclairée seulement par la porte que je viens d'ouvrir et une bougie. L'atmosphère est sombre et humide, j'ai du mal à voir précisément ce qu'elle contient, gêné par l'obscurité. Je sens, plus que je ne vois, Jean et un légionnaire passer derrière moi pour m'encadrer de leurs grandes statures. Les quatre rescapés de la famille de Maggy sont là, tétanisés, ombres immobiles et silencieuses. Son frère, devant, essaie encore de faire face, il a l'air en piteux état. Derrière lui se trouvent un jeune garçon et une femme, complètement abattus, ils s'attendaient à voir surgir les miliciens et leurs derniers moments. Au fond, une vieille dame, sa mère, enchaîne des gestes désordonnés.

12 h 02, compte à rebours H – 13'

– *Je suis le capitaine Ancel, nous sommes venus vous chercher pour Maggy, mais nous devons partir tout de suite.*

Ils n'ont – semble-t-il – aucune affaire, cependant la mère de Maggy s'approche de moi et me demande si elle a le temps de faire sa valise. Je ne sais pas quoi lui répondre, heureusement sa fille la prend par la main et lui dit avec des mots très doux que ce ne sera pas nécessaire, que *nous reviendrons plus tard prendre ses affaires*. Jean nous presse de sortir, les légionnaires ont resserré leur périmètre de sécurité à moins de 50 mètres de la porte, j'entends au loin des miliciens qui lancent des cris pour s'encourager.

12 h 05, compte à rebours H – 10'

Tajjit a mis en position son tireur d'élite avec un fusil Barrett de calibre 12.7, il est prêt à descendre celui qu'il estimera le plus menaçant, il recherche sans doute leur chef, mais Tajjit garde l'ouverture du feu à sa seule décision. Il dirige son affaire et je n'interviens pas, chacun son job.

Je m'occupe de faire sortir les rescapés et de redescendre la colline aussi vite que possible jusqu'aux véhicules. À peine le temps d'observer que le frère de Maggy porte un grand pull avec des traces de sang séché, son visage est blême, creusé par l'angoisse et les privations. Les autres survivants ne semblent pas en meilleur état. Auguste et Jean les aident à presser le pas, je crois qu'ils les portent à moitié.

Impossible d'estimer le nombre de miliciens qui nous entourent. Les légionnaires les tiennent à distance sans tirer un coup de feu, avec une impressionnante maîtrise de la violence. Ils retardent autant que possible l'instant dramatique de l'ouverture du feu, son cortège de morts et de blessures.

Les légionnaires se déplacent rapidement mais avec calme et précision, en échangeant très peu de mots, juste des regards et quelques gestes d'orientation, silencieux et efficaces.

J'essaie de me concentrer sur la suite, réfléchir avec un coup d'avance, même lorsque la fatigue physique crispe les muscles et que tout s'accélère. Garder cette vitesse, la descente de la colline est rapide, nous sommes le vent dans la forêt.

12 h 20, compte à rebours H + 5'

Nous arrivons enfin aux véhicules, les légionnaires restés sur place font monter les rescapés dans le VLRA bâché pour les cacher, et deux soldats s'installent avec eux pour les rassurer. Nous démarrons séance tenante, les deux P4 en tête. Les miliciens vont tout tenter maintenant pour nous rattraper et nous coincer.

Nous traversons en sens inverse le massif d'eucalyptus, dont les mouvements me semblent plus sombres et même inquiétants ; nous sommes aux aguets, le visage couvert de poussière, les corps tendus par la course et la perspective d'un affrontement qui apparaît désormais inévitable. Mais nous ressentons aussi de la fierté d'avoir pu retrouver ces rescapés. Leur sort est maintenant lié au nôtre et nous n'avons pas l'intention de nous arrêter.

13 h 10, compte à rebours H + 55'

Nous sommes sur le point de quitter la zone la plus risquée, en arrivant enfin au carrefour 1414 qui permet de sortir de la forêt. Mais dans la dernière ligne droite, j'aperçois un groupe de véhicules autour desquels s'affairent nerveusement des miliciens. Ils sont nombreux, des dizaines d'hommes avec des fusils d'assaut et des lance-roquettes. Ils mettent en place un *check point* en manœuvrant leurs pick-up en travers de la route. Ils nous ont aperçus, ils se figent, stoppent toutes activités et se jettent sur leurs armes.

J'hésite le temps d'un instant, forcer le barrage avec nos véhicules non blindés, chercher un itinéraire de contournement en espérant pouvoir faire demi-tour assez vite et risquer d'être poursuivis par ces tueurs sur un territoire qu'ils maîtrisent, tenter une négociation ? Me vient une alternative que je n'ai pas le temps d'expliquer. Je dis à mon conducteur de se garer doucement sur le bord de la piste, les autres véhicules font à l'identique, nous ne sommes plus qu'à 50 mètres du barrage.

Je sors seul de la P4, calmement, avec ma sacoche de combat dans la main gauche.

Je la pose sur le capot, bien en vue des miliciens.

De la sacoche, j'extrais une grande boîte en carton scellée sous plastique que j'ouvre avec mon couteau.

J'en sors un sachet transparent, des biscuits vitaminés que je commence à grignoter nonchalamment en regardant le capot tordu de ma P4.

Mon équipe comprend aussitôt et embraye le pas avec le plus grand naturel. Tous les soldats sortent des véhicules et ouvrent leurs *rations de combat* pour déjeuner. Les légionnaires ont soigneusement remis leur fameux béret vert. Jean a posé son fusil d'assaut avec désinvolture sur le capot et propose à la criée son poulet basquaise contre un dessert, Tajjit fait affaire en riant ; nous allons tout de suite voir comment sont coordonnés les miliciens.

13 h 20, compte à rebours H + 1 h 05

Plusieurs minutes ont passé, les miliciens nous observent toujours avec attention, ils ont les mines patibulaires indispensables à leur rôle. Comme ceux que j'avais *rencontrés* au séminaire de Cyangugu, ils sont décorés de toutes sortes de fétiches macabres ou censés l'être. L'un d'eux porte même un égouttoir métallique sur la tête en guise de casque. Dans d'autres circonstances, j'aurais aimé le photographier.

Jean tourne le dos au barrage et me dit à voix basse qu'il serait temps de repartir. Je lui demande d'attendre encore. Les miliciens doivent se sentir troublés par notre comportement peu conforme à celui d'un raid d'évasion, il faut finir de les dérouter. J'entreprends donc de faire du thé sur mon réchaud à Esbit, avec la patience de l'amateur averti. Je le partage ensuite avec Auguste qui n'est pas très rassuré, sans doute parce qu'il connaît le genre de types qui occupent le barrage, ce sont des *dingues*. Des dingues qui se laissent néanmoins berner par les apparences et lasser par le temps.

13 h 35, compte à rebours H + 1 h 20

Nous remontons tranquillement dans nos véhicules et nous passons le check point en chicane sans accorder un regard aux miliciens qui recherchent désespérément des intrus prêts à tout pour leur échapper. Ils n'osent pas réagir, déstabilisés par notre attitude.

Un tournant à droite pour rejoindre la route nationale, nous pouvons enfin foncer – à 50 km/h maximum avec ce maudit carburant – pour prendre le plus de distance possible avec les miliciens qui finiront bien par faire le rapprochement entre les soldats français rentrés dans leur zone pour voler leurs otages et ceux qui sont ressortis après leur pique-nique. Ils seront en rage et tenteront de nous poursuivre, au moins jusqu'à la zone tenue par la compagnie Colin dans laquelle ils ne se risqueront peut-être pas, à moins qu'ils n'aient des relais plus loin.

13 h 47, compte à rebours H + 1 h 32

Appel à la radio sur notre fréquence opérationnelle,
– *Attendez, on a un problème, panne de véhicule.*
Merde, c'est évidemment le VLRA qui transporte les rescapés, le câble d'accélérateur a lâché, impossible d'utiliser le moteur.

J'ai à peine le temps de soulever la bâche à l'arrière pour rassurer nos exfiltrés en me demandant comment nous allons faire, que le moteur se remet miraculeusement en marche. Un caporal-chef a fait sauter le capot, s'est assis à cheval contre le pare-brise et accélère directement le moteur à la main quand le conducteur le lui demande. Rarement vu un cavalier monter de manière aussi peu élégante (en dehors de moi), mais nous repartons aussitôt. J'appelle à la radio la compagnie Colin pour qu'elle m'envoie d'urgence son équipe de dépannage, sur la route.

14 h 15, compte à rebours H + 2 h

L'équipe de dépannage nous intercepte sur la nationale, elle est escortée par le groupe du sergent-chef François. Il a apporté des sodas frais, que nous avalons d'un trait pendant que deux mécanos s'affairent pour remplacer le câble d'accélérateur.

François observe alternativement ma mine et ma P4, mais il ne pose pas de question. Il installe un check point sur la route avec ses légionnaires sur les indications de Tajjit, pour protéger nos arrières quand nous repartirons. Je peux stopper mon compte à rebours, les miliciens n'oseront plus nous poursuivre depuis leur zone, mais d'autres peuvent surgir sur l'itinéraire s'ils ont été prévenus. Les rescapés restent à ma demande dans le véhicule bâché, à l'abri des regards. J'ai fait accrocher sur le VLRA les panneaux réglementaires dont j'aurai besoin dans un moment.

15 h 30

Tout le monde remonte à bord et nous repartons en direction du Zaïre.

17 h 30

Nous arrivons enfin à Cyangugu, vite traversée, pour essayer de franchir le poste-frontière avant la nuit. Les soldats zaïrois, qui campent désormais sur place, fouillent chaque véhicule à la recherche de réfugiés qu'ils refoulent selon leur humeur. Une cohue gronde sur le pont frontalier en soulevant un nuage de poussière. Nous roulons calmement jusqu'aux soldats zaïrois, la partie va être serrée. La foule amassée sur la frontière m'inquiète plus encore, elle empêcherait toute manœuvre rapide et nous bloquerait pire qu'une embuscade si cela devait mal tourner.

Le général des *léopards zaïrois* supervise lui-même le verrouillage de la frontière. Il est gras et transpire la brutalité de ceux qui se sont habitués à l'impunité. J'arbore un sourire crispé, mêlé d'une expression de soulagement,

— *Mon général, heureusement que vous êtes là !*

— *Ah bon, et pourquoi donc ?*

— *Capitaine Ancel, armée française, je dois évacuer au plus vite un stock d'explosifs abîmés par la chaleur. Ils sont devenus instables et on va les faire sauter cette nuit sur l'aéroport de Bukavu. Il faut que vous montiez avec moi dans le camion pour les inspecter avant de m'autoriser à franchir votre frontière.*

Personne n'aime les explosifs instables, encore moins les examiner, le passage est immédiatement ouvert sur ordre express et impérieux du général, qui m'enjoint de dégager au plus vite de son poste-frontière, avec des gestes d'autorité et des grognements véhéments.

18 h 00

Nous avons enfin quitté la zone de la frontière et son dispositif de contrôle. L'escorte de légionnaires peut faire demi-tour, je ne garde que le VLRA bâché avec notre précieuse *cargaison* et les hommes d'équipage. Le sergent-chef Tajjit nous salue et repart vers sa base, il semble épuisé, nous ne devons pas avoir meilleure mine.

La nuit est tombée, Auguste demande si nous pouvons le laisser à l'entrée de Bukavu. Jean s'est ensuite installé seul derrière dans la P4, ouverte à tous les vents. Il conserve son fusil dans le coude, comme s'il craignait de baisser la garde, si proche de notre destination. J'ai sorti ma lampe frontale pour vérifier la carte une dernière fois, ce n'est pas le moment de s'égarer non plus.

18 h 35

Le panneau de l'hôtel Les oiseaux du paradis apparaît enfin dans le faisceau jaunâtre de nos phares, nos véhicules se garent devant.

Je peux maintenant sortir les quatre rescapés, blafards et couverts de poussière. Les légionnaires les aident à descendre du VLRA sans se fracturer, ce serait dommage, si près du but. Nous parcourons doucement le chemin d'accès à l'hôtel, éclairé avec soin, sous les frondaisons fantomatiques d'une végétation exorbitante. Nos rescapés sont tellement hagards qu'ils ne posent aucune question, ils ne parlent plus, ils marchent sans autre raison que de rester auprès de nous.

18 h 42

La silhouette de Maggy surgit sur le perron de l'hôtel, elle s'inquiétait de ne pas nous voir revenir plus tôt. Elle attendait avec impatience de savoir ce que nous aurions appris.

Elle pousse un cri de joie mêlée de stupeur en reconnaissant la silhouette de sa mère et les ombres de ses proches. Elle nous rejoint en courant et en pleurant.

18 h 44

Ce moment leur appartient et je fais signe à Jean que c'est à mon tour de me retirer. Je remonte à la P4, mes hommes sont exténués, je donne l'ordre du *Return To the Base*[1] avec un simple geste du poignet. Nous repartons vers l'aéroport de Cyangugu dans un silence d'épuisement.

1. « Retour à la base ».

20 h 00

Juste avant l'arrivée sur l'aéroport de Cyangugu, le soldat rwandais qui monte la garde sur la route nous regarde passer d'un air étrange, il doit nous trouver sales comme des peignes.

À l'entrée de la base, nous désarmons tout notre arsenal, le bruit métallique des culasses et des chargeurs que l'on retire fait un curieux renvoi au chant strident des grillons.

20 h 10

Nous stoppons enfin nos véhicules à côté du petit hangar de l'état-major. Je remercie chacun des hommes, nous débrieferons demain, il faut d'abord qu'ils aillent se laver, se restaurer et dormir.

Garoh m'attend à l'entrée de l'état-major, je lis un sentiment mitigé sur son visage rond, fait de soulagement et d'inquiétude. Nous sommes vraiment dans un sale état, mais il voit tout de suite que nous sommes tous là.

Il veut un débriefing immédiat, alors je raconte dans les grandes lignes comment s'est déroulée cette opération, que son PC opérationnel n'a pu suivre qu'à travers les comptes rendus radio succincts du sergent-chef Tajjit.

Au fur et à mesure de mon récit, mes camarades de l'état-major prennent place autour de la grande table en bois et écoutent mon histoire. Ils sont silencieux et attentifs, je suis fatigué et serein.

21 h 30

Je me lave avec un gant au-dessus d'une bassine d'eau froide. On m'a promis qu'il y aurait bientôt une douche – chaude – et donc elle n'est pas pour tout de suite.

Je peux reprendre mon papier à lettres et écrire à ma femme quelques lignes apaisées, je ne lui raconte pas que tout va bien – elle s'en inquiéterait – mais que nous avons réussi à sortir quelques survivants de plus de cette zone du Rwanda. Pour la première fois, j'utilise le mot génocide.

J'aimerais bien savoir comment vont nos enfants.

Cyangugu, Rwanda.
Fin juillet 1994

Les médecins de l'hôpital militaire ont aidé une rescapée des massacres à accoucher, non sans difficulté. Ils sont fiers d'avoir assisté une naissance dans cet environnement cauchemardesque et ont convaincu la mère de baptiser son enfant Turquoise.

Le service de communication se précipite pour valoriser ce nom, ce bébé, ce symbole. Je préfère ne pas assister à la cérémonie que j'imagine très sympathique, mais je n'aime pas qu'on m'impose la tonalité d'un événement, et encore moins m'inscrire dans une émotion collective aussi spontanée.

Je réalise que j'ai passé le troisième anniversaire de ma fille Victoire et je suis loin d'elle. Pas plus que pour mon aînée, je ne l'avais vu faire ses premiers pas, en sera-t-il de même pour la dernière-née ?

Je pars avec mon escorte habituelle faire un tour sur les bords du lac Kivu pour m'éloigner autant que possible du camp de Cyangugu. J'aperçois les silhouettes quasi immobiles des fermiers dans leurs champs.

Les eaux grises et imperturbables du lac m'interrogent, comme si leur surface glacée m'empêchait de regarder en profondeur.

J'ai ce souvenir étrange de ne plus percevoir aucun bruit, de ne plus ressentir que le souffle chaud du vent qui balaye ce rivage immuable.

Aéroport de Cyangugu, Rwanda.
Fin juillet 1994

Nous accueillons un officier américain dans le petit état-major de Cyangugu. Il vient évaluer la faisabilité d'une intervention de l'armée américaine au Rwanda, j'imagine dans le cadre du mandat de l'ONU. Garoh l'accueille courtoisement mais la méfiance des militaires français est difficile à masquer, ils le surveillent constamment.

Avant la fin de la journée, cet officier de liaison américain est « *pris sur le fait d'espionner* ». Malvaud m'assure qu'on l'a surpris en train de chercher dans les documents de renseignement sur la table qui lui sert de bureau, un fouillis pourtant innommable...

Garoh, avec beaucoup de calme mais non sans une certaine satisfaction, lui signifie qu'il devra quitter la base aussi rapidement que possible tandis qu'il a déjà informé le commandement de ce *comportement inacceptable*. Le suspect américain donne surtout l'impression d'être éberlué par notre opération et chercher à comprendre ce que nous faisons réellement. Il est renvoyé par le premier avion vers Goma.

Passe d'armes le soir quand je demande à mes camarades de l'état-major ce que cet officier américain pouvait bien espionner dans notre mission *humanitaire*. Chacun y va de son couplet contre l'influence anglo-saxonne, « *qu'il faut contrer à tout prix* », le plus remonté étant sans aucun doute Malvaud qui m'assure devant tous les participants au briefing que nous avons intercepté des dialogues de SAS[1] britanniques en écoutant les communications du FPR, preuve irréfutable de la compromission de la perfide Albion contre nos amis de toujours.

J'ai déjà été confronté à ce genre *d'information* et je leur demande de m'expliquer comment distinguer à la radio un membre du SAS britannique d'un soldat ougandais anglophone ou d'un mercenaire anglais, le plus souvent ancien militaire. Comme personne n'a d'argument pertinent à présenter, la discussion tourne au vinaigre autour de l'engagement anglo-saxon contre l'influence française, tout y passe, de Fachoda[2] à l'entraînement supposé du FPR par les Américains. Garoh conclut avec un raccourci d'un rare esprit de synthèse,

– *Nos cultures sont tellement différentes que nous ne pouvons pas nous entendre. Il faut se battre contre les Anglo-Saxons pour protéger* la Grande France...

1. Special Air Service, une des plus célèbres unités spéciales militaires, apanage de la Grande-Bretagne.

2. Incident diplomatique survenu en 1898, considéré comme un symbole de la compétition coloniale entre la France et la Grande-Bretagne en Afrique.

Bords du lac Kivu, Rwanda.
30 juillet 1994

À la demande du ministère des Affaires étrangères belge, je dois m'enquérir d'un de leurs anciens diplomates qui a pris sa retraite sur les bords du lac Kivu, au Rwanda. Sa maison n'est pas très éloignée de celle de l'évêque, heureusement pas en contrebas…

Si j'ai bien compris leur requête, je dois m'assurer que ce ressortissant belge a pris ses dispositions pour quitter au plus vite le Rwanda. J'arrive dans une propriété magnifique dont le jardin semble fleurir jusque dans les eaux sombres du lac. Une très jeune femme m'ouvre la porte et me conduit auprès de l'ancien diplomate qui est allongé dans un grand fauteuil incliné, tout en cuir couleur acajou. Il somnole et m'accueille sans vraiment me regarder, dans une pièce obscure et mal aérée. Des cadavres de bouteilles jonchent la table et le sol, la jeune femme prend place à côté du diplomate en se glissant sur un des accoudoirs.

Je me présente brièvement et explique les raisons de ma venue, il me répond d'une voix très lente, sans même tourner la tête,

— *Merci, capitaine, de votre sollicitude, mais j'ai bien réfléchi. Je ne partirai pas. Ma vie s'arrête ici sur les bords du lac Kivu, je n'ai pas le désir de repartir. Je crois même que*

je n'en suis plus capable… Je préfère disparaître là qu'errer
sans but, car je n'en ai plus.

Il se tourne vers la jeune femme avec un sourire triste, elle l'embrasse sur le front, son regard est un puits sans fond.

Sud de la forêt de Nyungwe, Rwanda.
02 août 1994

Une jeune femme rwandaise a demandé notre aide pour rechercher son mari, qui serait en grand danger dans la zone humanitaire sûre. Garoh me charge de l'opération d'extraction et me demande d'embarquer une équipe de la BBC qui a eu vent de la récupération périlleuse de la famille Morreia.

Cela n'est pas encore routinier, mais c'est au moins la vingtième opération de recherche que je lance depuis mon arrivée et j'éprouve un présomptueux sentiment de maîtriser désormais la manière de procéder. Nous avons recoupé des renseignements cohérents sur le village où se trouverait ce rescapé et sur le fait que des miliciens seraient maîtres de cette zone, une fois encore. Nous avons récupéré une escorte du même type que celle de l'opération Morreia, un groupe renforcé de légionnaires de la compagnie du capitaine Olivier (13e DBLE), qui lui-même nous accompagne, non sans lien avec la présence des journalistes.

L'équipe de la BBC – un reporter avec un cameraman et un preneur de son – s'est installée à l'arrière de la P4. Ils scrutent de manière très professionnelle notre manière de faire et je réponds prudemment à leurs questions en anglais. Leur accent chantant me change de celui des aviateurs texans avec qui je m'entraînais quelques années auparavant en Allemagne.

Nous rejoignons sans difficulté le village avec l'escorte du capitaine Olivier. Pas de traces d'hommes en armes, mais une atmosphère tendue où l'effervescence des habitants dépasse largement celle de la vie quotidienne, une population qui s'inquiète de ce qu'elle doit faire. L'arrivée de nos véhicules militaires ne semble pas les effrayer, ni même les surprendre.

Nous nous garons sur ce qui doit être la place centrale, balayée par un vent poussiéreux, et l'escorte se déploie tout autour. Les journalistes sortent de la P4 et ne perdent pas une miette de l'action qui commence étrangement : alors que je n'ai pas encore commencé à chercher M. S., celui-ci apparaît aussitôt, au milieu de la foule de curieux qui nous entoure. Il marche difficilement, une jambe dans une attelle qui serait presque un plâtre. Ce qui frappe immédiatement est son absence évidente de crainte. Il est entouré de nombreux jeunes gens qui semblent le regarder avec un mélange d'attention, de respect et même de soumission.

Je n'aime pas cette situation, nous cherchons un rescapé menacé et nous rencontrons un homme *dans son élément*, en difficulté seulement du fait de sa blessure.

— *Vous êtes monsieur S. ? Savez-vous que votre femme nous a demandé de venir vous chercher ?*

— *Oui, oui, je sais, j'ai été prévenu et je vous attendais. Il faut que je parte maintenant parce que je ne peux plus rester là avec ma jambe blessée.*

J'échange un regard interrogateur avec Olivier qui comprend aussitôt mon trouble et part collecter d'autres infos. Je m'assieds en face de M. S. pour qu'il fasse de même, sur le rebord d'un muret de pierres. Les journalistes nous contournent discrètement pour filmer la suite, sans l'interrompre.

— *C'est difficile ici ?*

— *Oh oui, on espérait que vous alliez nous débarrasser du FPR et là, maintenant, il vaut mieux que nous partions, mais je suis trop gêné par ma jambe, c'est pour cela que j'ai demandé de l'aide à la puissante armée française et puis j'ai dit à mes hommes qu'on se rejoindrait au Zaïre.*

Je crains le pire, que vient me confirmer Olivier à l'oreille : S. est le chef de la milice locale. Je veux rester calme.

— *Vous vous êtes trompé, je ne suis pas venu vous aider, je suis seulement venu vérifier qui vous étiez. Il n'est pas question que l'armée française vous aide. Débrouillez-vous avec* vos hommes, *car je ne vous aiderai pas à vous enfuir.*

— *Mais… mais vous ne pouvez pas me laisser, je suis blessé, j'ai besoin de votre aide pour me protéger…*

— *Vous m'avez parfaitement compris, je ne vous protégerai pas.*

Il se met à hurler, appelle à témoin la foule, mais les légionnaires ont déjà formé une ceinture de protection, que personne n'ose franchir.

S. est seul en face de moi, il me lance un regard de désespoir mêlé de haine tandis que j'essaie de ne pas laisser la colère m'envahir. Je me lève sans le quitter du regard et donne l'ordre de dégager, nous repartons dans nos véhicules.

L'équipe de la BBC a tout filmé. En montant le reportage habilement, ils pourraient nous mettre en grande difficulté mais je ne leur demande rien, j'ai assez fréquenté de journalistes pour comprendre qu'ils n'apprécient pas plus que moi les manipulations. C'est le reporter qui aborde le sujet sur le chemin du retour, pendant que je rumine la suite. Il me demande ce qui s'est passé et je lui réponds que c'était vraisemblablement le chef d'une milice locale qui pensait que nous allions l'évacuer, ce que j'ai refusé. Le journaliste réfléchit quelques instants, puis m'annonce qu'il n'utilisera pas ces images, ni ce reportage.

De retour sur la base de Cyangugu, je me dépêche d'expliquer la situation au lieutenant-colonel Garoh avant que Mme S. ne puisse me parler. Garoh la convoque sous la tente du PC et l'informe que nous ne sortirons pas son conjoint. Elle hurle son désespoir avant d'interrompre ses larmes pour menacer le commandant du groupement,

— *Je vais tout raconter à la presse, vous êtes des criminels, vous avez refusé de sauver mon mari et vous l'avez condamné à mort alors qu'il est blessé, je vais tout leur raconter.*

Garoh, avec sa voix très calme, la prévient que nous avons découvert qui est en réalité M. S. ; il reproche à sa femme de nous avoir menti sur la menace qui pesait sur lui car c'est plutôt ce dernier qui présente un danger pour les autres. Puis il hausse brutalement le ton pour lui dire que si elle ne disparaît pas immédiatement, il la fera raccompagner auprès de son mari « *pour qu'elle puisse partager son sort* ».

Elle se tait enfin et quitte la base.

Base de Goma, Zaïre.
05 août 1994

Je retourne en France, avant que la mission Turquoise ne soit officiellement terminée. Je suis en effet attendu fin août pour un stage de formation à Draguignan avant de repartir en mission avec un autre régiment de Légion étrangère pour Sarajevo.

Mon retour anticipé est organisé par l'état-major de Turquoise qui me demande aussi d'escorter trois sous-officiers revenant en même temps que moi. Ce sont des spécialistes du génie de l'air qui sont venus prendre soin de la piste d'atterrissage de Goma la nuit, mais qui se sont retrouvés le jour à enfouir les dizaines de milliers de victimes de l'épidémie de choléra, dans des fosses communes creusées au bulldozer.

Ils ne présentent pas de stigmates particuliers lorsqu'ils s'installent dans l'Hercules qui nous transporte vers la Centrafrique, escale pour trouver un *vol régulier* vers Paris. Le plus gradé est un adjudant-chef, à l'allure mince et élégante, il s'assied à côté de moi sur l'inconfortable siège en toile de l'avion. Et il me parle.

Il me parle de la nature du revêtement de la piste de Mururoa dans le Pacifique, il me parle de la bonne manière de calibrer les matériaux pour faciliter le drainage de l'eau et stabiliser la piste malgré les contraintes climatiques et la salinité de l'air. Il me parle sans discontinuer de ce sujet jusqu'à notre arrivée à Bangui, il me parle mais son regard est totalement vide.

Aéroport Roissy-Charles-de-Gaulle, Paris (France).
07 août 1994

Nous arrivons dans la nuit par un avion-cargo. Pour éviter une attente trop longue à Bangui en Centrafrique, l'escale nous a trouvé des places dans le cockpit d'un 747 cargo d'Air France qui ne transporte normalement que du fret. Les pilotes, qui me semblent énormes en comparaison de nos silhouettes efflanquées, nous accueillent avec cordialité dans l'habitacle de leur gigantesque avion.

Malgré les longues heures de vol, ils n'abordent jamais le sujet de l'opération Turquoise, comme s'ils avaient des consignes ou l'habitude de ne pas questionner. Nous atterrissons dans la nuit sur l'aéroport de Roissy-Charles-de-Gaulle, je suis très impressionné par l'approche qui me semble de biais par rapport à l'axe de la piste. Assis juste derrière les pilotes, je retiens avec difficulté mon envie d'intervenir pour interrompre leur manœuvre et poursuivre enfin le bon axe, avant de réaliser in extremis qu'ils compensent le vent...

L'atterrissage terminé, une camionnette de service vient nous récupérer au pied de l'avion, elle dépose l'équipage à l'accès réservé aux personnels navigants et nous laisse devant une entrée destinée aux *voyageurs* pour que nous puissions rejoindre le hall principal du terminal où nous attend un officier de mon régiment.

Nous nous retrouvons seuls face à une hôtesse au sol, quelque peu endormie derrière son portique de sécurité. Elle ne sait pas trop comment nous contrôler et nous ne savons pas trop quoi lui dire, d'autant que nous sommes à peu près en civil. Elle me demande de passer mon premier sac et pousse un cri en apercevant sur l'écran la forme d'un poignard.

J'appréhende la suite, alors j'ouvre le deuxième sac sur le tapis roulant pour sortir un pistolet, deux boîtes de cartouches et une grenade encore accrochée au brêlage de combat.

— *Nous rentrons du Rwanda, j'ai peur que notre chargement ne soit pas… conforme.*

Elle semble déstabilisée, il est 3 h du matin, il n'y a que nous dans le hall de sécurité où elle n'était pas censée accueillir de passagers à cet horaire. Malgré son allure plutôt stricte, elle choisit de renoncer et, sans prononcer un mot, nous fait signe de contourner le portique. Elle se rassied au fond de son fauteuil, laisse échapper un soupir las et reprend une confortable position de veille face au hall désertique, comme s'il suffisait de ne pas regarder pour oublier ce qui s'était passé…

Viviers-sur-Rhône, Ardèche (France).
Août 1994

Je pars très rapidement en vacances en Ardèche.

Mon régiment avait tout organisé pour faciliter mon retour de mission. Mon paquetage a été incinéré, les munitions et équipements spéciaux récupérés par un spécialiste, seule la visite médicale a été approfondie. Le chef de Corps[1] m'a conseillé de partir récupérer sans attendre.

C'est en famille, sous le soleil puissant et lumineux de l'Ardèche méridionale, que je *retourne* dans notre société, tellement confortable et sécurisée que nous en avons largement perdu conscience.

Ma femme m'accueille avec une grande douceur et une immense patience. Des années plus tard, elle me dira combien elle a souffert de cette mission, sans autre nouvelle de moi que celles effrayantes des médias. Elle me dira aussi combien mon retour fut difficile, même si je n'étais parti qu'un mois et demi ; combien je lui avais semblé décalé et agressif en rentrant, comme un étranger dans notre vie intime, comme un autre que celui qu'elle avait vu partir.

De mon point de vue, c'est plutôt le monde dans lequel je reviens qui me semble décalé tandis que je crois *prendre sur*

---

1. Appellation spécifique du commandant d'un régiment, considéré comme un *Corps*.

moi pour ne pas faire souffrir mon entourage de cette expérience difficile… Lors du premier week-end suivant mon arrivée, une proche nous rejoint à Viviers et me raconte sans ciller,

– *J'ai vécu un enfer cet été avec ces travaux dans notre appartement, la chaleur accablante de Lyon en juillet, la poussière et ces escaliers interminables…*

J'ai envie de lui voler dans les plumes, lui raconter ce que peut être un enfer pour des centaines de milliers d'hommes et de femmes dont la seule perspective est de survivre un jour de plus… Mais je garde cette colère en moi, car je ne sais pas comment lui expliquer ce monde qui est tellement éloigné du sien.

De fait, je ne sais pas comment raconter cette opération Turquoise qui ne cesse de m'interroger. Que faisions-nous en réalité au Rwanda ? Pourquoi cet ordre initial de raid sur Kigali a-t-il été supprimé avec autant de précaution ? Pourquoi avoir tenté de remettre au pouvoir un gouvernement et soutenu des forces qui étaient au cœur du génocide ? Comment avons-nous fait pour ne jamais nous en prendre aux génocidaires alors que nous devions faire cesser les violences ? Pour quelles raisons avons-nous protégé leur fuite, les avons-nous laissés organiser cet exode dévastateur ? Et surtout, pourquoi leur avoir livré des armes dans des camps de réfugiés, au cours d'une *mission humanitaire* ?

Cependant, je suis déjà embarqué par les activités qui m'attendent, en particulier cette mission d'intervention à Sarajevo, avec une autre unité de Légion.

APRÈS L'OPÉRATION TURQUOISE

Une opération s'arrête dans le temps, mais pour ceux qui y ont participé, elle n'a pas de fin.

Loin de s'effacer, les questions se multiplient tandis que la vie continue.

École d'artillerie, Draguignan, Var (sud-est de la France). Automne 1994

Je rejoins l'école d'artillerie pour le *cours des capitaines*, dont j'ai déjà manqué deux sessions annuelles parce que j'étais en opérations alors que l'usage pour les saint-cyriens est de le suivre au plus tôt. Cette formation de plusieurs mois permet en effet de commander une unité et d'accroître ses chances de promotion dans un système où la compétition est bien plus sévère qu'il n'y paraît.

Comme je suis le seul officier du stage à avoir participé à l'opération Turquoise, la très sérieuse *Revue de l'artillerie* m'interviewe longuement sur le sujet[1]. Nous n'abordons pas les décisions politiques qui ont conduit à cette mission, mais je décris sans détours la préparation des frappes aériennes et l'objectif affiché de stopper le FPR, d'autant plus éloigné de l'ambition humanitaire que cela revenait à s'opposer de fait aux ennemis des génocidaires. L'article est publié en interne à l'armée de terre sans susciter la moindre émotion. L'opération Turquoise comportait un volet offensif tellement évident pour un milieu très professionnel comme l'artillerie que cela ne fait pas débat. Et puis l'école d'artillerie française n'a-t-elle pas reçu et formé plusieurs officiers rwandais ? En toute logique nous avions simplement continué à soutenir les *forces gouvernementales*, comme lors des années précédentes.

---

1. *Nouvelle Revue d'Artillerie*, n° 6, décembre 1994.

À ce moment-là, nous n'avons aucun débat sur le rôle de la France dans le génocide des Tutsi, tout au plus savons-nous qu'un journaliste du *Figaro*, Patrick de Saint-Exupéry, demande publiquement des explications sur ce qu'il a observé à Bisesero, ces collines rwandaises où les forces spéciales avaient reçu l'ordre de chercher les soldats du FPR plutôt que de protéger les rescapés poursuivis par les forces gouvernementales.

Pendant ce stage d'artillerie, je suis invité à une remise de décorations par le ministre de la Défense à Paris. Mes camarades me félicitent avant mon départ, ignorant que le détachement de la Légion étrangère n'a demandé aucune médaille, contrairement aux unités des troupes de marine – *la colo* dans notre jargon – qui ne s'oublient jamais, même dans les pires circonstances. J'observe mon camarade, le capitaine Lepointre, se faire décorer devant notre noble assemblée, avec ce sentiment étrange qu'il pourrait devenir ce héros dont le rôle essentiel est de masquer nos échecs collectifs.

Drôle d'ambiance à l'hôtel de Brienne, siège du ministère, où Garoh feint le plus grand détachement tandis que le ministre François Léotard fait le tour des participants pour les féliciter du *travail accompli*, suivi de caméras qui doivent immortaliser la reconnaissance de la nation dans une communication éphémère.

Lorsqu'il me tend la main, trop mécaniquement, pour prononcer fort la même phrase, je le retiens d'une poignée si ferme qu'il ne peut s'en échapper. Il s'arrête, surpris, me regarde un peu inquiet. Je lui souris,

– *Vous nous félicitez, mais ma mission suivante est Sarajevo…*

Son regard se fait perçant, il réfléchit avant de me répondre, en prenant garde que la caméra ne puisse le saisir,

– *Sarajevo, je ne sais pas comment nous allons nous en sortir, cette fois…*

Siège de Sarajevo, Bosnie-Herzégovine.
1995

La mission de chef de TACP[1], responsable du guidage des frappes aériennes, pour le bataillon armé par le 1ᵉ régiment étranger de cavalerie[2] à Sarajevo est un désastre. Alors que nous devions neutraliser les canons serbes qui tirent quotidiennement sur la capitale assiégée de la Bosnie-Herzégovine, nous sommes interdits d'intervenir, prolongeant le martyre de la ville. C'est la première et seule fois que je vois la Légion étrangère perdre pied, et m'inquiéter.

Notre mandat est un échec total qui se termine par les massacres de Srebrenica et annonce la fin de la mission de l'ONU : le président américain Bill Clinton impose alors sa solution de force via l'OTAN et stoppe la guerre en quelques semaines en s'en prenant enfin aux agresseurs serbes de ce conflit. Des Serbes que la France avait pourtant protégés pendant toute la mission de l'ONU, pour des raisons difficiles à comprendre et surtout jamais débattues, à l'identique du soutien apporté au gouvernement génocidaire du Rwanda.

Alors que tout était sous mes yeux, j'ai mis des années à faire le lien entre l'opération Turquoise et cette *intervention* lors du siège de Sarajevo. Les similitudes politiques m'apparaissent aujourd'hui évidentes : un président de la République, François

---

1. TACP, Tactical Air Control Party, se prononce TAC-Pi, équipe de guidage au sol des frappes aériennes.
2. 1ᵉ REC, Orange.

Mitterrand, exténué par la maladie et protégé par un entourage qui ne peut rien remettre en cause ; un gouvernement Balladur de cohabitation paralysé par les élections à venir ; une politique d'intervention dont on ne sait plus réellement qui la dirige, dans une tradition d'opacité peu propice à la clairvoyance ; un mandat humanitaire de complaisance pour détourner l'attention de l'opinion publique et camoufler la réalité.

Autant de dysfonctionnements qui aboutissent à envoyer les soldats de la France intervenir dans des conflits aussi dramatiques que meurtriers pour... protéger les agresseurs.

Mais à Sarajevo même, nous parlons peu du Rwanda, trop occupés à gérer cette situation inextricable dans laquelle nous sommes pris au piège et dont nous ne ressortirons pas indemnes[1].

---

1. Cf. *Vent glacial sur Sarajevo*, Les Belles Lettres, mai 2017.

Compiègne, Oise (France).
1997

Après une autre opération à Mostar, en ex-Yougoslavie, cette fois pour l'OTAN et dans un contexte que je qualifierai de relativement clair par rapport aux missions précédentes, je dois rendre le commandement de mon unité opérationnelle de la Force d'Action Rapide et rejoindre le cours d'état-major à Compiègne.

Cette formation n'est pas vraiment palpitante, d'autant qu'elle marque le passage pour les officiers à une deuxième partie de carrière où les opérations seront désormais vécues dans un état-major. Je n'ai pas envie de le reconnaître mais je suis déjà « un vieux » dans mon unité de combat, j'ai 32 ans.

Compiègne est l'occasion de débats intenses, notamment sur le Rwanda, d'abord parce que nous en avons le temps mais aussi parce que les Belges ont fini par obtenir une commission sénatoriale d'enquête dont la plupart des auditions sont publiques. Nous écoutons, sidérés, un colonel belge se faire interroger – ou plutôt rudoyer – sur la nature des ordres qui ont conduit dix de leurs soldats à se faire massacrer par les forces gouvernementales rwandaises à Kigali, au tout début du génocide. Cet exercice de démocratie me saisit et m'interpelle : les citoyens d'un petit pays, peu enclin à donner des leçons politiques, demandent ce qui s'est réellement passé et jugent par eux-mêmes, sans accepter qu'on leur dise ce qu'ils doivent en penser…

À Compiègne, comme dans les autres cercles de réflexion militaire, les questionnements sur le Rwanda portent sur le bien-fondé opérationnel de notre intervention, les capacités militaires françaises à mener une telle opération et ses conséquences. Tous reconnaissent que Turquoise était d'abord une opération de force classique destinée à remettre au pouvoir le gouvernement que nous avions soutenu pendant plus de quatre ans.

Il était difficile de prétendre le contraire alors que nous étions partis dans une configuration plutôt agressive avec des avions de chasse et les meilleures unités de combat de l'époque. Le risque que nous soyons un jour accusés de complicité de génocide pour avoir soutenu ses auteurs était une question taboue, aussi difficile à aborder dans l'armée française que l'homosexualité ou l'omniprésence de la religion catholique dans ses rangs.

Les principaux défenseurs de cette opération, au sein de l'armée, s'appuyaient sur la nécessité de défendre nos *alliés*, le besoin de faire barrage à l'influence anglo-saxonne (et pro-testante ?), et enfin de démontrer notre capacité à faire régner l'ordre en Françafrique. Certains estimaient même que cette opération était un succès logistique (un des plus importants déploiements de forces en Afrique dans les années 1990), ainsi qu'une réussite tactique pour avoir évité un affrontement majeur dans une telle situation.

Et même un petit succès humanitaire pour avoir sauvé plusieurs milliers de vies dans un drame qui avait pourtant vu le massacre de près d'un million de Rwandais.

C'est aussi à Compiègne que je comprends, avec trois ans de retard, que les forces spéciales peuvent commettre le pire dès lors qu'elles échappent aux contrôles drastiques exercés dans les *unités régulières*.

Il est tard ce dimanche soir quand nous rentrons de week-end par le dernier train. Mes pensées vagabondent dans un de ces compartiments sinistres dont la SNCF a le secret, je voyage avec un camarade qui me fixe étrangement du regard. C'est un pilote d'hélicoptère de transport PUMA que j'ai déjà rencontré, sans me rappeler exactement dans quelles circonstances.

Il me demande si j'étais bien au Rwanda pour Turquoise, ce que je lui confirme sans faire plus de commentaires. Il a envie de me parler, nous sommes seuls dans ce compartiment sombre.

Il me raconte qu'il était avec le COS, le commandement des opérations spéciales. Il me raconte son malaise, pourtant plus de trois ans après : certes, il avait transporté des rescapés, notamment à Bisesero quand le commandement s'était enfin résolu à intervenir, mais il y avait autre chose.

Sa voix devient plus lourde, plus lente, son regard se fixe comme s'il voyait défiler ces images qu'il ne savait effacer : il transportait une équipe spéciale pour une intervention. Le chef d'équipe est revenu avec plusieurs *suspects*, les mains attachées dans le dos. Celui-ci lui a demandé de décoller et de se déplacer vers la zone d'intervention des légionnaires – la zone dans laquelle j'officiais – où il a pris de l'altitude au-dessus d'une petite localité. Le chef d'équipe a saisi un des prisonniers et l'a menacé de le jeter par la porte de sabord, maintenue grand ouverte pendant le vol.

Puis il l'a précipité dans le vide.

Au retour sur leur base, le chef de l'équipe spéciale est venu lui expliquer que le suspect était un dangereux chef de bande et qu'il l'avait éliminé de cette manière pour faire parler les autres. Mais, depuis ce jour, mon camarade se demande de quoi ce suspect était réellement le chef, car il semblait surtout avoir été dénoncé par un bourgmestre local qui pouvait tout aussi bien vouloir récupérer sa ferme…

Le pilote me dit qu'il entend cet homme crier quand il est poussé dans le vide, alors que c'est impossible avec le bruit des turbines et son casque de vol, mais il l'entend encore et toujours. Désormais il lui arrive même de voir son regard, dans ses cauchemars.

École militaire, Paris.
1998

Un membre du cabinet du ministre de la Défense vient me rappeler à mes *obligations de réserve*. C'est une femme que j'ai rencontrée à Lyon et dont j'apprécie l'expression subtile mais claire. Elle sait que je souhaite être entendu par la mission d'information parlementaire sur le Rwanda, qui vient de se constituer en France sous la présidence de Paul Quilès. Cette mission a été décidée en réaction aux articles de Patrick de Saint-Exupéry dans *Le Figaro*, afin d'examiner la politique de la France au Rwanda de 1990 à 1994, mais sans disposer des pouvoirs d'une commission d'enquête.

J'explique à mon interlocutrice que mon intention est seulement de raconter ce que j'ai fait et vu en tant que capitaine dans une unité de combat pendant l'opération Turquoise, pour que les parlementaires puissent juger de ce qui s'est passé sur le terrain, en toute connaissance de cause. Mais sa réponse est sans ambiguïté,

– *Tu n'as pas bien compris, Guillaume. Ce n'est pas toi qui décides d'être entendu par la MIP[1], cela ne peut se faire que sur décision du ministre et, s'il le voulait, ce serait encore lui qui fixerait ce que tu dois dire aux parlementaires.*

Ma volonté d'expression se heurte au devoir de réserve imposé par le statut général des militaires. Je ne ressens pas de colère parce que cet émissaire ne m'offense pas, ni ne cherche

1. Mission d'information parlementaire.

à m'obliger, elle me dit simplement le choix qui s'offre à moi : si je veux témoigner, je dois quitter l'armée. Elle rajoute que je suis bien naïf de penser que la MIP a pour objet d'informer les Français sur la réalité de notre engagement dans ce conflit.

À ce moment-là, j'estime avoir une vision trop confuse du sujet pour abandonner une carrière des armes aussi difficile qu'intéressante et je fais le choix de *mettre mon mouchoir au fond de ma poche*.

Je lis avec attention les premiers reportages sur les travaux de cette mission d'information parlementaire. Je suis profondément choqué par la relation que font les journalistes de l'audition de Jean-Christophe Mitterrand, le fils du président de la République que les dirigeants africains appellent « Papa m'a dit ».

Je sais simplement qu'il a été très présent, voire pesant, dans la relation de la France avec le Rwanda, notamment du fait de ses liens et de ses affaires avec le fils du président Habyarimana. Il me semble qu'il constitue un témoin important des auditions de la MIP. Pourtant, dans l'esprit, cela laisse quelque chose de ce style :

– *Cher Jean-Christophe, pardon de vous importuner avec nos questions et merci encore d'avoir accepté de venir devant cette mission d'information. Insistons sur le fait qu'il ne s'agit en aucun cas d'une commission d'enquête et que vous devez vous sentir libre de raconter la version qui vous arrange.*

– *Cela tombe bien car je n'y suis pour rien, je n'ai aucun lien avec toutes ces affaires terribles concernant le Rwanda que je connais à peine, et si d'aventure il m'était arrivé de faire quelque chose, c'était uniquement pour aider.*

– *Parfait, vous n'avez donc aucun lien avec cette tragédie, vos explications sont vraiment convaincantes et elles vont largement nous suffire…*

Je comprends par la même occasion que mon témoignage devant cette mission d'information aurait été vain. Et je me désintéresse de ce semblant de débat.

J'ai le sentiment que mon pays ne veut pas savoir ce qui s'est passé.

**Bruxelles, capitale de la Belgique
et siège de l'Union européenne.
2000**

Invité par le Collège royal de défense, je suis les cours de la Fondation européenne de management à Bruxelles. Je fais cette formation dans le cadre de l'École de guerre, dans ce milieu international qu'affectionnent les Belges. Des Canadiens, Suisses, Marocains, Argentins et même un officier mongol constituent mon groupe d'études, avec bien sûr des camarades belges qui s'expriment alternativement en flamand et en français.

Ils ont invité un spécialiste des relations internationales qui vient nous parler de l'évolution des interventions en Afrique. Évidemment, le sujet du Rwanda arrive sur la table. J'essaie de donner une vision *positive* de notre intervention, mes camarades me rient au nez,

– *Guillaume, il faut être français pour croire ce que tu racontes ! Nous, les Belges, nous avons tordu le cou depuis longtemps au rêve colonial et nous regardons maintenant avec vigilance ce que nos soldats ou nos entreprises font réellement en Afrique...*

Un officier parachutiste revient sur le sévère retour d'expérience mené après l'assassinat des dix soldats belges à Kigali, l'examen public des ordres donnés comme des consignes politiques et des incohérences qui ont conduit à ce drame dans le drame : l'état-major avait ordonné à ces militaires belges de déposer leurs armes alors qu'ils étaient assaillis par des extrémistes hutu. Heureusement, ils avaient continué à se battre mais ils n'ont pas pu résister longtemps à l'assaut de cette meute tandis qu'aucune unité n'avait été envoyée pour les secourir.

Notre camarade allemand prend le relais pour nous dire combien les opérations de cette nature les empêchent d'accepter les projets d'une défense européenne *vue par la France*, tant ils supportent mal l'opacité de cette politique d'intervention en Afrique.

Sion (Suisse).
2001

Nous sommes invités au mariage de Jean Grapeloud, le diplomate suisse avec qui nous avions extrait, non sans difficultés, la famille Morreia. Nous nous sommes liés d'amitié depuis et toujours restés très proches.

Jean utilise son réseau suisse pour empêcher que la confédération helvétique ne devienne (une fois encore) le refuge des criminels fortunés qui ont participé au génocide. Les Belges s'efforcent de faire de même, avec des fortunes diverses. En France, la femme du président assassiné, Agathe Habyarimana, sur qui pèsent de lourds soupçons, essaie d'obtenir le statut de réfugiée politique tandis que mes concitoyens ignorent les responsabilités du génocide commis au Rwanda. Pire encore, on leur laisse penser que ce n'était qu'un massacre de plus, *commis spontanément par une foule de voisins armés de bâtons et de machettes* dans une Afrique enragée, alors que ce fut un génocide d'une rare sophistication, préparé et organisé comme une mission.

Jean va épouser Angélique, une rescapée du génocide, et ils ont choisi Sion, dans le Valais, pour célébrer leurs noces. Sept ans après l'opération Turquoise, je revois pour la première fois les survivants de la famille Morreia que nous avions secourus dans cette sombre forêt d'eucalyptus.

Un vent de printemps souffle avec légèreté. Thérèse Morreia m'a aperçu sur le parvis de l'église, elle vient vers moi et me prend les mains. Je ne me souviens pas que nous ayons échangé beaucoup de mots, simplement nos regards, avec une émotion que je ne saurais décrire. Pendant ces moments, je n'entends plus rien.

Lors de la réception, les invités viennent à tour de rôle me féliciter pour avoir contribué au sauvetage des Morreia, mais en évitant soigneusement d'aborder le sujet de l'opération Turquoise et plus encore celui du rôle de la France dans le génocide des Tutsi. Je sens grandir en moi un profond malaise. Qu'avons-nous fait au Rwanda ?

État-major de l'armée de terre,
boulevard Saint-Germain, Paris.
2005

J'ai décidé de quitter l'armée de terre, dans laquelle je sers depuis vingt années, avec le grade de lieutenant-colonel. Mon dernier poste consiste à organiser les restructurations de cette armée en pleine évolution, qui est passée d'un système de conscription (service national obligatoire mais pas pour tout le monde) à une armée professionnelle, réduite en volume des deux tiers.

Je m'occupe de *transformation* depuis des années et il me semble important de montrer aussi ma propre capacité à évoluer. Je quitte donc volontairement l'institution militaire, à 39 ans, sans retraite à jouissance immédiate et sans passerelle vers des *postes réservés*, pour rejoindre le monde des entreprises. Les patrons de l'armée de terre observent ma démarche avec bienveillance et m'apportent leur soutien. Ils savent mieux que moi combien le statut de carrière permet de vieillir inutilement dans un système militaire qui a besoin essentiellement de jeunes.

Par là même, je retrouve ma pleine liberté d'expression publique en tant que citoyen français. En fait je n'ai jamais cessé de parler du Rwanda lors de rencontres privées : dîners entre amis qui vous font rapidement comprendre qu'il serait temps de changer de sujet ; discussions en marge du milieu professionnel où l'on vous écoute avec intérêt mais sans que cela n'éveille davantage que de la curiosité momentanée.

Je continue en effet à gamberger sur ce sujet, d'autant plus que j'ai quelques amis rwandais dont les plaies ne se refermeront jamais et dont le simple contact me rappelle inexorablement le drame de 1994. Tutsi ou Hutu, ce sont avant tout des Rwandais dont le point commun n'est pas l'esprit de revanche ou de vengeance, mais d'avoir *vécu* un génocide. Pas un seul ne m'a demandé de témoigner, en réalité il leur est impossible d'en parler. Si le sujet est évoqué, leurs yeux restent ouverts mais leurs regards se vident, enfermés dans un monde des ténèbres, l'indicible.

Cela n'est pas sans me rappeler la génération de militaires qui nous a précédés, celle qui a connu la guerre d'Algérie et qui n'a pas pu en parler, celle qui n'a pas pu *dire* ce qu'elle avait vécu en réalité et qui disparaît de nos mémoires sans l'avoir partagée.

Paris Saint-Lazare.
2008-2009

Je dirige maintenant, pour le groupe SNCF, les lignes Transilien de Paris Saint-Lazare. Avec 10 % des trains qui circulent quotidiennement en France, je suis plutôt occupé. Cependant, en lisant un grand quotidien français, je récupère les coordonnées d'un reporter international pour lui proposer d'évoquer le sujet rwandais et ce que j'ai observé pendant l'opération Turquoise. Nous déjeunons ensemble tout près de la gare Saint-Lazare, *terminus des illusions*. Ce reporter, qui connaît très bien l'Afrique, m'affirme sur un ton qui ne prête guère à la discussion que « *mon témoignage est déjà connu et qu'il n'en voit pas trop l'intérêt* ».

Je suis étonné, ce que j'essaye de faire entendre depuis des années serait ainsi reconnu, analysé et expliqué ? Il n'est plus aussi affirmatif, mais ne voit pas comment il pourrait utiliser ma matière. Retour au fond du lac.

Je récidive en 2009 avec un autre grand reporter du même grand journal, un autre spécialiste de l'Afrique qui m'écoute avec plus d'attention mais me fait à peu près la même réponse, « *intéressant mais tout cela est déjà connu* ». Alors je me range à l'évidence, mes questions sur le rôle de la France dans le drame rwandais sont du domaine public et il faut maintenant laisser les historiens démêler les fils de l'écheveau.

Du fait de leurs retours, j'ai moins parlé du Rwanda, convaincu désormais que mon témoignage n'apportait rien à cette longue aventure qu'est la recherche de la vérité.

Reims, Champagne.
2012

Revers de fortune, je suis au chômage – pardon, en *transition professionnelle* – et je m'ennuie en attendant que les propositions d'activité prennent forme. Ma fille aînée, Camille, qui travaille depuis plusieurs années dans l'édition, me suggère d'écrire. L'idée me semble curieuse d'autant plus que je suis de culture orale et je n'ai jamais publié plus long que des mémoires de recherche.

Je m'essaye d'abord au polar ethnologique, un genre que j'affectionne pour voyager dans des cultures différentes, comme Arthur Upfield chez les aborigènes d'Australie ou Tony Hillerman parmi les Indiens Navajos. Il me faut une matière originale et que je connaisse suffisamment, je choisis le Cambodge avant de me tourner vers le Rwanda. Mais je n'arrive pas à construire une trame policière, alors je prends un autre parti, celui de raconter comment se déroule une opération militaire, vue par ses acteurs eux-mêmes. Je laisse de côté l'analyse politico-stratégique, le témoignage poignant de victime ou horrifiant de bourreau, je veux essayer de donner une image réaliste de ce qu'est une intervention de l'armée. Découvrant en librairie qu'il existe très peu de récits de ce type, je me mets au travail, avec ma fille comme redoutable conseillère de rédaction.

Camille me recommande le roman plutôt que l'autobiographie « *qui incite à se justifier toutes les fins de pages* », alors j'opte pour une narratrice me permettant de prendre de la distance par rapport aux événements que je veux relater. La forme romanesque pour me protéger aussi de tout contentieux juridique et *une* capitaine parce que mon expérience m'a convaincu que si les femmes n'étaient pas tenues à l'écart du milieu militaire, elles prendraient l'essentiel des postes de responsabilité et dirigeraient brillamment les opérations. Le personnage principal est donc la capitaine Victoire Guillaumin, Victoire comme le prénom de ma seconde fille et l'issue souhaitée d'un conflit...

Camille m'oblige aussi à effacer mon point de vue pour laisser le lecteur seul juge des faits que je décris. Une pratique difficile, à laquelle je me plie sous sa pression.

J'ai peur que mes souvenirs ne me trahissent, vingt ans après, aussi je m'oblige à reconstituer les faits par un travail approfondi de mémoire, sans regarder prématurément le carnet d'opérations que je tenais sur place. Une fois le premier manuscrit rédigé, je m'autorise à ouvrir ces notes et je suis soulagé de n'y trouver aucune contradiction, seulement quelques inversions de dates ou d'événements.

Je suis troublé par deux aspects en confrontant ce texte à mon carnet d'opérations : les noms que je croyais avoir inventés existent tous, ce sont en général les prénoms d'autres acteurs de ces événements, que je pensais pourtant avoir oubliés. Plus surprenant encore, les mots que j'emploie pour qualifier les faits dans mon manuscrit sont les mêmes que ceux utilisés dans mes notes vingt ans auparavant...

En écrivant, un exercice lent et d'innombrables remises en question, j'ai le sentiment troublant de revoir les scènes que je décris, y compris celles dont je ne souhaitais pas forcément me souvenir, des fantômes les accompagnent. Ils ressurgissent du plus profond de ma mémoire, intimement liés aux impressions qui m'ont marqué pendant cette opération : le doute plutôt que la confiance, l'inquiétude de ne pas comprendre ce qui se joue en réalité, le soupçon que la confusion du moment puisse camoufler des actions que nous n'aurions jamais dû accepter et que nous avons cachées.

Paris.
2013-2014

Je termine enfin ce premier livre, *Vents sombres sur le lac Kivu*. J'ai modifié tous les noms mais je raconte avec précision ce dont je me souviens en termes de déroulement et d'enchaînements de cette opération Turquoise, de la mise en alerte jusqu'à l'extraction compliquée des Morreia. J'essaie de respecter aussi les dates, sans y apporter plus d'attention, ce n'est pas un *récit authentique* mais un roman au cœur d'un drame historique. Le titre est un hommage à *Vent Sombre* de Tony Hillerman, que j'ai cité plus haut, ainsi qu'une représentation symbolique des événements tragiques qui ont balayé le Rwanda.

Je publie en ligne[1] *Vents sombres sur le lac Kivu* en février 2014. Ce roman, qui n'avait pas d'autre but que raconter comment se déroule une opération militaire, va entraîner mon témoignage public.

Très rapidement en effet, les événements qui y sont relatés apparaissent incompatibles avec *l'histoire officielle* de l'opération Turquoise. Celle-ci a toujours été présentée, en France, comme une intervention humanitaire, alors que je décris pour l'essentiel le soutien jusqu'au-boutiste à un gouvernement génocidaire.

Je comprends cette *incompatibilité* lors d'un colloque privé organisé en mars 2014 par une fondation proche d'un grand

---

1. *Vents sombres sur le lac Kivu*, TheBookEdition.com, février 2014.

parti politique français. Ce colloque réunit des historiens, des juristes, des hommes politiques et des diplomates pour examiner le rôle de la France dans la tragédie rwandaise, avant la vingtième commémoration du génocide des Tutsi.

Invité du fait de la publication de ce livre, je raconte à cette assemblée qui pensait bien connaître le sujet ce que j'ai fait pendant l'opération Turquoise, à mon niveau modeste mais très opérationnel. Et je vois quarante paires de mâchoires se décrocher autour de la table. Je croyais cette matière connue et depuis longtemps intégrée, je dois constater que je me trompais.

Je fais face à quelques réactions surprenantes. D'abord, mais j'espère être resté très poli, un des intervenants – plus politique qu'historien – tente de m'expliquer devant l'assemblée effarée que je n'avais pas bien compris les missions qui m'avaient été confiées et que tout cela n'était qu'un malentendu, puisque lui connaissait les ordres qui nous avaient été donnés ; comme si un ordre en opération était sujet à interprétation, qui plus est dans une unité de combat de la Légion étrangère...

Beaucoup plus subtile est la réaction du président du colloque : « *C'est une question d'interprétation des faits qui doivent être resitués dans un contexte plus global et dont vous ignorez certains aspects.* »

Certes, mais son changement de couleur quand j'ai parlé des missions de combat qui nous avaient été initialement confiées, du soutien apporté au gouvernement pourtant responsable du génocide et surtout de la livraison d'armes en pleine *mission humanitaire*, en disait long, plus long que ses propos policés et montrait sans ambiguïté les lacunes de la mission d'information parlementaire qu'il connaissait mieux que quiconque.

La discussion se tend définitivement lorsque, sûr de son autorité et de sa séniorité, le président du colloque me pointe du doigt en m'enjoignant de ne pas témoigner, « *pour ne pas troubler la vision qu'ont les Français du rôle que nous avons joué au Rwanda* ».

Voilà, nous y sommes, *taisez-vous, laissez les Français dormir tranquilles et les responsables politiques décider de ce qu'ils doivent leur raconter...* Comme tout officier un peu aguerri, j'éprouve une certaine réticence à être commandé et, en tant que citoyen français, je supporte plus mal encore de me voir expliquer ce que je dois dire. Alors, avec un malin plaisir, je lui réponds « être *vraiment désolé que l'histoire officielle soit plus romancée que mon livre, car c'est cela en réalité qui pose problème* ».

Son visage se crispe, le président me foudroie du regard et clôture brutalement ce colloque dont l'objectif semblait être justement de verrouiller la *version officielle* avant la commémoration du génocide.

Ainsi réalisé-je en 2014, vingt ans après les faits, que nous – Français – ne connaissons toujours pas le rôle que nous avons joué au Rwanda, parce que des zones d'ombre sont soigneusement entretenues et gardées, alors même que ces opérations ont été menées *en notre nom*.

Je décide par conséquent de prendre contact avec des journalistes pour témoigner publiquement et c'est une reporter de France Culture, Laure de Vulpian, qui répond la première. Elle a déjà publié le témoignage d'un compagnon d'armes du GIGN[1], Thierry Prungnaud, qui a été violemment critiqué pour avoir questionné ouvertement notre intervention au Rwanda[2].

Elle me donne rendez-vous place du Trocadéro et se montre plutôt craintive. Et si j'étais venu l'intoxiquer avec une version

---

1. Groupe d'intervention de la gendarmerie nationale.
2. *Silence turquoise*, Don Quichotte éditions, septembre 2012.

téléguidée par l'armée ? Et si ma version était inexacte et facilement démontée par la suite ?

Elle lit avec attention mon roman, me pose d'innombrables questions avant de réaliser qu'elle dispose d'un témoignage de première main pour réfuter l'histoire officielle d'une opération Turquoise à vocation purement humanitaire. Elle craint maintenant d'être bloquée par sa propre direction et me demande de garder secrète jusqu'à sa diffusion la longue interview qu'elle a réalisée en studio.

Ce témoignage est largement relayé par des journalistes qui travaillent depuis des années sur le sujet et ont souvent eux-mêmes publié, tandis que le monde entier commémore les vingt ans du génocide des Tutsi. Je refuse par contre les interviews dont je ne comprends pas les motivations, comme cette chaîne de télévision chinoise ou cet organe officiel de l'actuel gouvernement rwandais que j'éconduis poliment.

En apportant mon témoignage, concret et factuel, je rentre dans cette polémique qui n'arrive pas à être un débat et j'essaie de comprendre pourquoi la réalité de cette opération Turquoise est cachée aux Français.

Maria Malagardis, qui publie dans *Libération* un portrait subtil et nuancé, me fait réaliser combien il est difficile pour notre société, si cultivée et férue de démocratie, d'aborder ce qui la relie directement à un génocide, le pire des crimes. Dénoncer le nazisme n'a pas réellement été difficile, surtout après sa défaite, mais regarder comment et pourquoi nous avons soutenu un régime analogue en Afrique nécessite le courage d'une nation et la détermination d'un peuple.

Je cherche à rencontrer Patrick de Saint-Exupéry, cet ancien reporter du *Figaro* et un des initiateurs du questionnement sur le rôle de la France dans le génocide des Tutsi, car je comprends désormais que je ne pourrai plus me satisfaire du silence pour seule réponse. Il me reçoit dans son bureau enfumé du quartier Saint-Germain avec son air faussement nonchalant, il me pose cette question qui m'éclairera pour la suite,

    – *Jusqu'où es-tu prêt à aller ?*

Je n'en comprends pas tout de suite la portée, en répondant simplement que *je continuerai jusqu'à ce que le rôle de la France ne fasse plus débat.* Je n'en imagine pas encore les conséquences.

Patrick estime qu'un petit groupe de décideurs politiques et de responsables militaires français se sont complètement trompés pendant cette affaire, en soutenant jusqu'au bout ceux qui ont commis le génocide des Tutsi. Il pense qu'ils se défendront maintenant jusqu'à leur dernier souffle pour empêcher la vérité de se manifester et éviter surtout d'être mis en cause pour les décisions qu'ils ont prises mais qu'ils ne veulent pas assumer. Ses arguments sont sévères, d'autant plus qu'il est loin d'être antimilitariste ou opposé par principe aux interventions de la France, mais il ne supporte pas que de tels mensonges puissent devenir l'histoire officielle, faute de connaissances de la réalité et de débat démocratique.

Ces quelques personnalités françaises impliquées dans la tragédie rwandaise s'efforcent de le faire taire. Des militaires exposés en première ligne le poursuivent en justice depuis plus de dix ans, certains ont même réussi à le faire condamner pour avoir affiché leurs noms sur la couverture de son livre *Complices de l'Inavouable* [1]. Mais ces *responsables* n'ont jamais pu répondre aux questions qu'il soulève, si ce n'est en bouclant les archives et en verrouillant les paroles, comme je vais rapidement le constater.

---

    1. *Complices de l'Inavouable : La France au Rwanda,* Les Arènes, 2009 (réédition augmentée de *L'Inavouable,* parue en 2004).

Patrick de Saint-Exupéry me montre un document boule-versant. Il dispose en effet d'une note de la Délégation aux affaires stratégiques, la DAS dans le jargon du ministère de la Défense, qui retrace les informations transmises aux décideurs politiques de l'époque. Ce récapitulatif met en évidence que la DGSE, le service de renseignement extérieur de l'État français, a recommandé à nos plus hauts responsables, le 4 mai 1994, de stopper tout soutien au gouvernement rwandais, « organisateur des massacres de très grande ampleur », et plus encore de le condamner publiquement pour ne pas risquer une accusation de complicité et être mis au ban des nations.

La DGSE ne parle pas encore de *génocide* puisque cette qualification ne sera reconnue que tardivement par la France, mais un mois après le début des massacres enclenchés par l'assassinat du président Habyarimana, le 6 avril 1994, elle est catégorique sur le rôle joué par le gouvernement rwandais que nous soutenons encore et recommande sans ambiguïté de le *condamner publiquement*.

Pourtant, sept semaines plus tard, le 22 juin 1994, la France déclenchera l'opération Turquoise dont un objectif essentiel sera de protéger et de soutenir ce régime atteint de folie meur-trière. Contrairement à ce que j'avais toujours voulu imaginer jusque-là, nos décideurs ne se sont pas trompés du fait de la confusion d'alors, mais parce qu'ils ont volontairement écarté les informations de leur service de renseignement au profit d'arguments qui n'ont jamais été dévoilés. Je comprends aussi pourquoi Turquoise fut la seule opération à laquelle j'ai par-ticipé qui n'ait fait l'objet d'aucun briefing sur le contexte : il ne fallait surtout pas que nous *sachions*, car il est clair que la plupart de mes compagnons d'armes n'auraient pas accepté de risquer un jour d'être accusés de complicité.

Nous parlons à plusieurs reprises de *Bisesero* avec Patrick. Cet événement n'a cessé de lui poser question depuis qu'il y a physiquement assisté. Et je réalise, avec vingt ans de retard encore – mais mon esprit est lent –, que j'ai été un acteur de ce drame… en n'y participant pas.

J'ai évoqué Bisesero en quelques lignes seulement dans mon témoignage, à la date du 30 juin 1994, il est temps pour moi de relier les récits des différents acteurs qui m'en ont parlé à ma propre expérience.

Retour à Bisesero, ouest du Rwanda.

Bisesero, de vastes collines boisées dans l'ouest du Rwanda, où des milliers de Tutsi ont cru trouver refuge pour échapper au génocide conduit depuis le 7 avril 1994 par un gouvernement frappé de folie meurtrière, mais que la France a continué à soutenir... jusqu'à la complicité ? C'est toute la question posée par ce drame qui se tient au premier acte de l'opération Turquoise, fin juin 1994.

Le 27 juin, sur ces collines de Bisesero, quelques militaires des forces spéciales en reconnaissance découvrent des rescapés tutsi. Ils ne sont en rien l'avant-garde de l'armée du FPR, redoutée par la France, mais les survivants de massacres ignobles, répétés chaque jour. Ce sont des *morts-vivants*, entourés de charniers et accablés de blessures.

Pendant qu'ils leur parlent, les soldats français ont la démonstration de l'organisation du génocide : arrivent des véhicules de miliciens, de gendarmes rwandais et de militaires des FAR qui patrouillent ensemble à la recherche de ces rescapés pour les achever. Ces derniers se cachent, terrorisés, tandis que les *forces armées du gouvernement rwandais* ne craignent pas d'afficher leur occupation réelle. Ils ne se battent pas contre les soldats du FPR, ils massacrent les civils tutsi.

L'officier français qui dirige l'équipe spéciale promet aux rescapés de revenir pour les secourir et repart vers sa base où il reçoit l'ordre... de ne pas intervenir, pire encore : il se voit *interdire d'y revenir*.

Trois jours plus tard, le 30 juin, des sous-officiers ulcérés par cette situation, comme Thierry Prungnaud, et sans doute un capitaine qui a choisi sans le dire de ne pas obéir, *se perdent malencontreusement* jusqu'à la zone des rescapés et prennent soin d'alerter si largement de leur « découverte » qu'ils obligent, de fait, le commandement à monter une mission de secours. Entre-temps, en trois jours, plusieurs centaines de ces réfugiés ont été massacrés par les génocidaires du régime, alors qu'ils s'attendaient à être sauvés par l'armée française.

Le colonel qui commandait les forces spéciales et le général qui « dirigeait » l'opération Turquoise[1] sont mis en cause[2] pour ne pas être intervenus dès la situation connue, le 27 juin. Ils ont d'abord affirmé ne pas avoir été alertés de cette situation avant le 29 juin. Mais, depuis les notes personnelles du général jusqu'au reportage vidéo montrant le chef des forces spéciales briefé par un de ses sous-officiers, les preuves du contraire sont accablantes : ils étaient clairement informés.

Leur défense a reposé ensuite sur le manque d'effectifs pour aller reconnaître et sécuriser la zone de Bisesero, ne disposant selon eux que de la centaine d'hommes des forces spéciales arrivés au Rwanda en précurseurs.

Pourtant, cet argument est aussi peu pertinent que le précédent, car l'opération Turquoise comptait déjà à cette date plusieurs unités opérationnelles – chacune dépassant en taille le détachement des forces spéciales – comme la compagnie de combat de la Légion étrangère dans laquelle j'étais détaché. Cette unité de 150 légionnaires aguerris, bien équipés et très entraînés, était

---

1. À ma connaissance, le premier ne prenait pas ses ordres auprès du second…

2. Ils ont été entendus début 2016 comme témoins assistés dans le cadre de la plainte pour complicité de génocide déposée en 2005 par des rescapés des massacres de Bisesero.

parfaitement adaptée à la protection d'une zone refuge pour des rescapés. Et aucun milicien ou soldat dépenaillé de ce régime en déroute n'aurait osé s'y frotter. Il est vrai que cette unité de Légion était distante d'au moins… 50 mètres du poste de commandement des forces spéciales, puisque nous étions stationnés sur le même petit aéroport de Bukavu, au Zaïre, depuis le 28 juin où nous étions arrivés sans consigne de nous presser.

Malheureusement, cette compagnie de combat, comme les autres unités disponibles, n'a pas été sollicitée pour aller sauver les rescapés tutsi de Bisesero.

Pourquoi ? Parce que tels n'étaient pas les ordres, tellement différents de la *mission humanitaire* affichée pour l'opération Turquoise : nous étions partis en réalité pour stopper le FPR, ces soldats qui menaçaient le gouvernement rwandais soutenu par la France, quand bien même ce régime poursuivait un *génocide* en conduisant l'extermination des Tutsi.

Ces ordres, des officiers français les ont exécutés et assumés au point de devoir aujourd'hui soutenir des versions dénuées de sens pour protéger des responsables politiques pourtant seuls légitimes à en décider.

Cet épisode de Bisesero explique sans doute aussi que le 30 juin 1994, tandis que les unités des forces spéciales étaient obligées de s'occuper des rescapés, la compagnie dans laquelle j'étais détaché a enfin été mobilisée, mais pour stopper le FPR par une action de guerre devant la forêt de Nyungwe, à quelques dizaines de kilomètres plus à l'est.

Comme je l'ai relaté, au lever du jour du 1er juillet, cette mission de combat contre les ennemis des génocidaires a été annulée in extremis. J'en connais désormais plus de *détails* grâce au témoignage d'Oscar, un des pilotes de chasse engagés dans cette opération et dont je raconterai le parcours un peu plus loin.

En croisant nos témoignages, il apparaît que cette mission a été annulée par le *PC Jupiter* situé sous le palais présidentiel de l'Élysée, alors que les avions de chasse, des Jaguar[1], étaient déjà en vol pour frapper, et que nous-mêmes décollions en hélicoptère pour rejoindre la zone de guidage. Pourtant le PC Jupiter n'a pas vocation à diriger ce type d'opération, qui est plutôt du ressort du bien nommé *Centre opérationnel interarmées*. C'est une procédure tout à fait inhabituelle que m'a décrite mon camarade, et compte tenu de ma compréhension du sujet, il est probable que les événements se soient enchaînés ainsi :

Cette opération de combat contre le FPR a été décidée sans réel contrôle politique, mais l'intervention des Jaguar a déclenché une procédure quasi automatique de confirmation auprès du PC de l'Élysée, qui s'en est effrayé. En effet l'engagement au combat d'avions de chasse est considéré comme *stratégique* du fait de leur puissance de feu ainsi que du risque médiatique : difficile de faire croire qu'un bombardement n'a pas été organisé tandis qu'il est toujours possible d'habiller un échange de tirs au sol en *accrochage accidentel* ou en *riposte à une tentative d'infiltration*.

En conséquence, la patrouille de Jaguar, au moment de rejoindre la zone de combat, demande la validation de son engagement, sans doute par l'intermédiaire de l'avion ravitailleur KC135 qui les soutient et qui est équipé d'un système radio longue portée en l'absence d'AWACS[2]. Le PC Jupiter alerte l'Élysée – l'étage du dessus – qui découvre l'opération, prend brutalement conscience des conséquences possibles d'un tel engagement et l'interdit aussitôt.

---

1. Ces Jaguar ont été remplacés ensuite par des Mirage F1CT pendant l'opération Turquoise.
2. Airborne Warning and Control System, système de détection et de commandement aéroporté. L'AWACS sert de « tour de contrôle en vol ».

L'annulation au tout dernier moment de cette mission par la présidence de la République déclenche un débat – plutôt que d'en être l'issue – sur le risque que la France soit effectivement accusée de complicité de génocide et mise au ban des nations, alors même que la crise de Bisesero vient de débuter. Dans les jours qui suivent, des spécialistes de l'Afrique des Grands Lacs sont consultés et probablement dépêchés sur place pour négocier un compromis avec le FPR, c'est la suite de l'opération Turquoise avec la création d'une *zone humanitaire sûre*.

Bisesero est emblématique de l'intervention française au Rwanda : ambivalence de la mission, déni de la réalité du génocide, aveuglement – ou pire – des décideurs.

Avec Turquoise, nous aurions pu combattre les génocidaires, mais nous nous sommes opposés jusqu'au bout à leurs ennemis, obsédés par un héritage politique dénué de sens, consistant à les stopper à tout prix.

Avec Bisesero, nous aurions dû voir que nos alliés d'hier s'étaient transformés en génocidaires puisqu'ils *opéraient* sous nos yeux. Mais nous avons continué à regarder ailleurs, continué à les soutenir, continué à mentir, au point de rendre la réalité et nos erreurs inavouables.

Paris.
2014

Les ennuis arrivent, ils « volent en escadrille », la plupart sont faciles à anticiper, d'autres un peu plus compliqués à gérer.

Sur le plan professionnel, je suis ennuyé par certains réseaux, dont je reconnais sans peine les arguments qui sont mot pour mot ceux du président du colloque privé évoqué plus haut… L'avantage des réseaux est qu'ils sont multiples et peuvent exercer des pressions contradictoires et complexes. Je me sens plutôt protégé par ceux-là mêmes qui défendent une certaine idée de la liberté d'expression et de la démocratie.

Sur le plan personnel, ma femme exerce sur moi une pression critique. Elle a connu l'épisode rwandais, après celui du Cambodge et avant celui de Sarajevo, et d'autres encore. Elle en garde un sentiment de danger qu'elle n'a jamais bien vécu. Elle ne veut pas sentir de nouveau une menace, contre moi, contre nous. Alors que je n'ai jamais éprouvé de réelles difficultés à me battre, ma femme est une personne contre qui je me sens désarmé et fragile. Cette polémique sur le Rwanda crée une tension difficile entre nous, la plus difficile à vivre.

Je passe rapidement sur les insultes et quolibets que l'ère d'Internet permet en « commentaires » d'article ou sur les *réseaux sociaux*. La grossièreté des propos n'a d'égale que le courage conféré par l'anonymat.

Il me faut cependant raconter cette tentative de démolition, consistant moins à contester mes arguments qu'à m'attaquer personnellement. C'est un journaliste d'un magazine pour lequel je ne souhaite pas faire de publicité qui s'y colle, appelons-le John. Je me suis demandé s'il travaillait pour les services de l'État ou s'il était simplement une forme moderne du *collaborateur* à qui il n'est même pas nécessaire de demander un service. Celui-ci organise une interview de Garoh, l'ancien chef du groupement sud de l'opération Turquoise, dont le titre affiché est de *démolir mon témoignage.*

Garoh s'y exprime comme s'il était le porte-parole de l'armée française et le gardien de son honneur mis en cause, alors qu'il l'a quittée quinze ans auparavant pour diriger une très lucrative société de « conseil en intelligence économique » dont l'activité ressemble étrangement à ce qu'il était convenu d'appeler précédemment du mercenariat. Cet ancien colonel, que je n'ai jamais revu depuis 1994, dresse de moi un portrait ridicule et méprisant d'un officier sans responsabilité ni caractère, qui ne se serait occupé de rien pendant l'opération Turquoise, *sauf peut-être d'un peu d'humanitaire,* une activité qu'il décrit d'ailleurs comme très secondaire…

Je contacte directement ce journaliste pour lui demander des explications, sur son portable qu'un ami m'a opportunément communiqué. John est d'abord surpris et semble mal à l'aise. Puis il réalise qu'il est physiquement plutôt éloigné et m'expose sans complexe son objectif,

– *Je voulais démolir votre témoignage parce que je trouve odieux que vous mettiez en cause l'État français et je n'ai surtout pas voulu vous contacter, ni vérifier les propos de Garoh, car seul ce résultat m'intéressait…*

Sa rédaction est obligée de publier mon droit de réponse, dans lequel il me semble avoir été bien trop courtois, mais je ne souhaitais pas que le débat sur le rôle de la France dans le génocide des Tutsi ne se transforme en crêpage de chignon entre anciens militaires.

Culturellement, j'ai conservé ce respect des compagnons d'armes, d'autant que j'ai été profondément marqué par la difficulté de ce métier, le seul qui donne le droit de détruire et d'en mourir. Je veux réaffirmer ici que mes camarades se sont comportés au Rwanda de manière très professionnelle et que, à ma connaissance, aucune unité militaire française n'a jamais *participé* au génocide. Les questions troublantes que soulève mon témoignage sur l'opération Turquoise sont clairement d'ordre politique et sociétal : ce sont les *décideurs politiques* que j'interroge, ceux-là même qui se cachent derrière la « Grande Muette » pour ne pas avoir à justifier leurs choix dramatiques.

C'est à ce moment-là que je réalise ce que voulait dire Patrick de Saint-Exupéry lorsqu'il me demandait « *jusqu'où es-tu prêt à aller ?* ».

Hubert Védrine, ancien secrétaire général de l'Élysée et acteur clef de *notre* politique rwandaise, s'empare de l'article de démolition de John, pour filer devant la commission de la Défense de l'Assemblée nationale[1] et se défaire au plus vite de mon témoignage avec ce seul argument : « *le capitaine n'avait pas connaissance des éléments de la mission au poste auquel il se trouvait* ».

Ce serait plutôt inquiétant pour un capitaine en opération de ne pas savoir quelle est la mission, puisque c'est justement son rôle de diriger les actions sur le terrain. C'est aussi ridicule que prétendre qu'un pilote d'avion ne connaît pas sa destination ou qu'un secrétaire général de l'Élysée ne sait pas quelle directive il transmet, mais comme aucun membre de la commission n'a

---

1. Séance du 16 avril 2014.

jugé utile de le contredire, Hubert Védrine aurait eu tort de se priver d'un argument aussi déplacé. D'autant plus déplacé que *le capitaine* n'analysait pas les « éléments » de la mission officielle mais témoignait de ce qui s'était passé dans les faits. Et c'est ce décalage qui aurait dû alerter nos députés.

La présidente de la commission de la Défense, Patricia Adam, me fait alors inviter par un de ses assistants pour me signifier – il me lit son message – que la mission d'information parlementaire de Paul Quilès a clos le sujet sur le Rwanda et qu'il est hors de question d'ouvrir un débat...

Dans le registre des menaces physiques enfin, je suis approché par un ancien militaire, qui se présente d'emblée comme un proche de Garoh et de son activité de *conseil*. Il vient d'abord pour *me parler,* puis il essaye *de me convaincre,* avant de tenter de *me dissuader* de témoigner. Il n'est pas très compliqué à déchiffrer, il me l'a même écrit au cas où je n'aurais pas compris ses menaces,

« *Tu es maintenant totalement isolé et en bien mauvaise position. Beaucoup de personnes sont mobilisées sur ce sujet.* »

Mais il n'est qu'une partie émergée de l'iceberg et par expérience je me méfie nettement plus de celle qui reste invisible.

Assemblée nationale, Paris.
Avril 2014

Je suis invité à l'Assemblée nationale – ou plutôt dans ses locaux – non pour témoigner devant nos parlementaires mais parce qu'un ami anime un groupe d'auditeurs de l'Institut des hautes études de défense nationale (IHEDN) qui se retrouvent en ces lieux. Ils m'ont demandé de venir présenter mon livre et la polémique qu'il crée, mais j'ignore qu'un des convives n'est autre que le général Saint-Terquin, futur chef des forces spéciales françaises et ancien instructeur du bataillon para-commando rwandais qui a été à la pointe du génocide. Accessoirement, il fut le premier militaire français présent sur la scène du crash de l'avion présidentiel rwandais dans la nuit du 6 avril 1994.

Saint-Terquin me laisse parler sans trop m'interrompre, tout en se montrant mal à l'aise. Dans un réflexe très militaire, il essaie d'imposer son *autorité* en la matière, mais il hésite entre dire ce qu'il sait de la préparation du génocide comme de l'engagement des forces spéciales, et l'obligation de réserve indispensable à la poursuite de son ambition personnelle. Il aimerait débattre sans pouvoir le faire, et il retient ses mots avec la détermination d'un homme qui a tout consacré à sa carrière. Je sens néanmoins une certaine émotion lorsqu'il évoque les accusations portées contre lui d'avoir préparé un bataillon pour le génocide. Ses mots sont clairs, il condamne sans appel le comportement dément des hommes qu'il avait contribué à former.

Cependant, à deux reprises, Saint-Terquin se mure dans un silence total. Il semble alors en apnée, comme s'il avait peur de lâcher la moindre information sur ce qu'il sait et qui pourrait mettre en cause le *rôle de la France*, ou le sien.

Lorsque j'évoque le crash de l'avion du président Habyarimana, abattu par des missiles alors qu'il atterrissait de nuit sur l'aéroport de Kigali, Saint-Terquin se remémore qu'il était sur place puis devient muet comme une carpe. Pourquoi ? Il ne fait aucun doute qu'en parfait professionnel, il ait tout de suite compris que la boîte noire de l'avion constituait un élément crucial pour l'enquête. Cette boîte noire a très mystérieusement disparu, ce qui a considérablement gêné la reconstitution des faits. Il faudra attendre une expertise demandée par la justice, le rapport Poux-Trévidic de 2012, pour pouvoir enfin déterminer que les missiles avaient été tirés de la zone militaire où Saint-Terquin entraînait ce bataillon. J'observe son silence absolu sur le sujet.

Mon récit de livraison d'armes dans des camps de réfugiés au Zaïre provoque la même réaction de mutisme forcé, et ce silence m'apprend plus que Saint-Terquin ne le souhaitait.

J'étais persuadé jusque-là que les armes transportées étaient celles que nous avions confisquées auparavant sur les check points, ce qui en soi me semblait déjà inacceptable. Mais lorsque je fus amené à témoigner sur le sujet, une déclaration imprudente de Garoh me permit de réaliser qu'il n'y avait pas assez d'armes confisquées à ce stade de l'opération Turquoise pour remplir la dizaine de conteneurs que j'avais vus partir dans le dos des journalistes. À travers le silence inquiet de Saint-Terquin, je prends conscience que nous n'avions pas rendu de l'armement confisqué mais bien livré une nouvelle cargaison d'armes aux génocidaires.

Elles avaient probablement été acheminées pendant le conflit, peut-être même pendant l'opération Turquoise, et abandonnées au Rwanda par les FAR dans leur déroute. Notre force aura alors reçu l'ordre de les transporter pour les remettre aux soldats rwandais que nous continuions à soutenir malgré leur implication de plus en plus évidente dans le génocide.

Il est nécessaire de préciser que l'armée française ne peut pas acheter de manière autonome des armes, encore moins celles utilisées dans ce conflit – fusils d'assaut GALIL et Kalachnikov – qui n'existent pas dans nos arsenaux. Il fallait donc procéder à un achat international auprès d'un marchand d'armes que seul le plus haut niveau de l'État en France peut autoriser. Enfin, cette cargaison avait vraisemblablement transité par l'aéroport de Goma, seul capable de recevoir un porteur lourd pour livrer ces armes, aéroport intégralement contrôlé par l'armée française. Il est fort probable que des traces subsistent dans les archives, comme je l'ai indiqué en fin d'ouvrage.

Pour résumer, nous avons reçu l'ordre de livrer des armes à des *génocidaires* dans des camps de *réfugiés* pendant une opération *humanitaire* et alors que nous étions sous *embargo* de l'ONU.

Nous avons ainsi transformé ces camps de réfugiés en bases militaires qui allaient ensanglanter l'est du Zaïre pour des décennies. Je ne l'avais pas compris à l'époque parce que je n'osais même pas l'imaginer.

La revue *XXI* a révélé en juin 2017 que des officiers – plus courageux que moi – avaient alors menacé par écrit de se retirer si cette directive de continuer à livrer des armes était appliquée. Le secrétaire général de l'Élysée, Hubert Védrine, l'aurait pourtant confirmée de sa main, dans le cadre d'une politique qui n'a jamais été reconnue et encore moins justifiée.

Ce dernier s'est défendu avec véhémence, mais sans jamais nier l'existence de cette directive, ni de ces instructions manuscrites.

Besançon, Doubs (est de la France).
Avril 2014

Je profite d'un séjour chez des amis à Besançon pour étudier le rapport d'expertise[1] sur l'assassinat du président Habyarimana, l'événement déclencheur du génocide des Tutsi dans la nuit du 6 avril 1994. Cette expertise, commanditée par les juges Poux et Trévidic, conclut que l'avion du président a été abattu par le tir de deux missiles portables de type SAM 16 tirés de la zone du camp militaire de Kanombe, proche de l'aéroport de Kigali.

Je lis ce rapport avec une attention particulière, pour la raison que j'ai commencé ma carrière militaire par l'expérimentation du missile portable Mistral (1989-1990). Je connais bien ce type d'armes, dites MANPADS[2], et mieux encore leur utilisation.

L'analyse opérationnelle de cette remarquable expertise étant (un peu) fastidieuse, je renvoie les lecteurs intéressés aux dernières pages de ce livre.

Le tir contre l'avion du président Habyarimana a été une opération très professionnelle. Il ne pouvait s'agir d'un groupuscule de fanatiques hors de contrôle, mais bien au contraire d'une *partie prenante* au conflit qui a préparé, répété et conduit ce tir de missiles, soit avec une de ses équipes entraînée à dessein

---

1. Rapport d'expertise sur la destruction en vol du FALCON 50 (janvier 2012).
2. MAN PORTABLE AIR DEFENSE SYSTEM, missile antiaérien portable.

(plutôt à l'étranger), soit en recrutant des mercenaires compétents pour cette opération spécifique. Rappelons simplement que le tir a eu lieu de nuit dans des conditions assez difficiles.

Compte tenu de l'attention qui était portée aux missiles portables pour éviter une action terroriste, il aura fallu que la faction organisatrice bénéficie du *parapluie* de services secrets assez puissants pour que l'opération ne soit pas bloquée ou éventée. Un service efficace comme la DGSE aurait décelé des préparatifs (acquisition des missiles, préparation de l'équipe de tir, planification de l'opération) et en aurait informé les plus hautes autorités de l'État français. La suite était du ressort d'une décision politique ou éventuellement d'une négligence face à des alertes internationales trop nombreuses.

L'origine des tirs dans la zone d'un camp militaire rwandais où stationnait notamment leur bataillon d'élite (le bataillon para-commando) laisse peu de doute sur *le camp des tireurs* tandis que les flammes de départ des missiles – plus de 100 m, incroyablement visibles de nuit – ne leur auraient laissé aucune chance de s'échapper s'ils n'avaient pas été dans leur propre camp. Il est donc très probable que les futurs membres du gouvernement intérimaire rwandais (GIR) et leurs sponsors aient organisé et conduit l'assassinat du président. Ces extrémistes hutu ont ensuite pris le pouvoir et déclenché le dernier génocide du xxᵉ siècle, sous nos yeux.

Une autre possibilité ne peut pas être écartée compte tenu de l'opacité de la politique menée au Rwanda. Des décideurs français ont pu ne pas se contenter de fermer les yeux pendant la préparation de cet assassinat, mais participer à son organisation, non pour déclencher un génocide mais pour se débarrasser du président Habyarimana qui échappait à leur contrôle et reprendre la *maîtrise* de la situation.

Le scénario *assassinat-> chaos-> intervention militaire immédiate de la France* aurait pu fonctionner mais le gouvernement de cohabitation a pu le bloquer en cours de réalisation, pour des raisons plus politiques que morales : le gouvernement Balladur avait les moyens techniques d'empêcher l'opération militaire souhaitée par la présidence de la République et pouvait ainsi la mettre en grande difficulté, sans nécessairement réaliser les conséquences de ce blocage. Le simple fait de ne pas demander à temps les autorisations de survol de pays étrangers ou de ne pas rendre disponibles des avions ravitailleurs suffit à paralyser une intervention de cette complexité. Cela expliquerait que le général Tauzin, qui commandait alors le 1e RPIMa[1], une des principales unités d'intervention des forces spéciales, raconte en boucle avoir attendu l'ordre de décollage aussitôt après l'assassinat du président Habyarimana.

Le lendemain de cet assassinat, le conseiller particulier du président Mitterrand, François de Grossouvre, se suicidait dans son bureau de l'Élysée.

---

1. 1e Régiment parachutiste d'infanterie de marine.

**Tribunal de grande instance, pôle génocide, Paris.
Mai 2014**

Audition par le juge en charge du pôle génocide du tribunal de grande instance. L'instruction étant toujours en cours, je ne peux relater notre échange avec le magistrat, mais l'expérience est troublante, sans doute à l'image de la Justice, lente et inexorable. L'entretien dure tout l'après-midi, notamment parce que la greffière peine à suivre nos échanges. Le juge, très professionnel, est assisté par un universitaire qui prépare les éléments de contexte. Ils s'appuient sur une interview détaillée parue dans *Jeune Afrique*.

Tout aussi précis, le juge croise mes déclarations avec la matière dont il dispose déjà, vérifie régulièrement leur cohérence sur des points essentiels ou des dates.

Il se demande comment il pourrait obtenir d'autres témoignages de militaires sans se voir opposer le « secret défense » qui, dans cette affaire, sert moins à la défense de la France qu'à la protection d'individus refusant d'assumer les décisions qu'ils ont prises.

Paris.
Juin-juillet 2014

De la difficulté de sortir de la culture du silence.

Un pilote de chasse prend contact avec moi. Il était de la patrouille de Jaguar qui devait frapper le 1er juillet 1994 à l'aube, pendant notre *mission humanitaire*. Il s'agit d'Oscar, que j'ai évoqué précédemment, il veut me parler pour soutenir mon témoignage et dire aussi le malaise qu'il a toujours ressenti pour cette opération au Rwanda. Il me donne des détails qui ne s'inventent pas, se souvient parfaitement de la chronologie des événements, et même de l'indicatif radio sur lequel il devait me joindre. Dans le cadre de cette action, il a passé une partie de la nuit du 30 juin à préparer sa mission de combat. Avec le plein de munitions, sa patrouille a décollé très tôt pour être au point de contact à la frontière du Rwanda dès le lever du jour du 1er juillet.

Il me décrit l'annulation de la mission à la dernière minute alors même qu'elle allait débuter, avec son lot d'adrénaline et d'incertitudes, une annulation en vol venue directement du PC Jupiter comme je l'ai expliqué. Il raconte ensuite le retour à Kisangani au Zaïre, l'absence de débriefing sur cette mission de frappe et plus encore sur son annulation.

Oscar veut me dire qu'il comprend et partage mes interrogations, mais il est aussi représentatif de la culture du silence propre aux armées françaises. L'idée de témoigner publiquement l'inquiète : qu'en diront ses camarades ? En a-t-il vraiment le droit alors que l'obligation de réserve propre au statut général des militaires n'a jamais été réellement définie, ni délimitée ? Il hésite d'autant plus qu'il aborde cette période délicate de la reconversion vers le civil et il craint d'être *mis à l'index,* par ses camarades, son milieu, les autres...

Plusieurs journalistes et un historien essaieront bien de le convaincre de livrer un témoignage public mais l'armée de l'air finira par obtenir son silence : Oscar pense avoir besoin de quelques périodes annuelles de réserve pour assurer ses arrières, et en contrepartie l'armée de l'air le convainc sans difficulté que « *toutes les opérations aériennes sont désormais classifiées* confidentiel défense *et qu'il ne doit parler de rien sans leur autorisation expresse* ». Oscar peut désormais argumenter et justifier son propre silence.

Je respecte son choix tout en le regrettant, car cette culture du silence n'est pas l'usage dans d'autres armées. En Grande-Bretagne par exemple, où très peu d'officiers font une carrière longue, la tradition démocratique veut qu'une fois passée la nécessaire obligation du secret opérationnel, chacun puisse prendre la plume pour témoigner de ce qu'il a fait. Ainsi sont racontés les faits, peu discutables en soi, seule leur interprétation est l'objet de débat.

À l'inverse, un général français a tenu à m'affirmer que la guerre consistant en une succession de saloperies, il était indispensable de ne surtout jamais en dire la réalité. La raconter, *c'est trahir et mériter deux balles dans la tête*, jugea-t-il nécessaire d'ajouter.

Pourtant je disposais d'une grande liberté de parole lorsque j'étais dans l'armée, je ne me souviens pas qu'une seule fois un militaire m'ait demandé de me taire, dans nos cercles fermés. Ce qui est proscrit en réalité, c'est de s'exprimer publiquement et plus encore, d'écrire. Bien peu de militaires écrivent donc en France, et ces rares publications leur servent plus souvent à se justifier qu'à raconter la réalité avec ses erreurs et ses questionnements.

Cette confusion française entre *l'obligation de réserve*, qui relève du secret professionnel, et la *culture du silence,* qui consiste à cacher ce qui s'est passé, me semble particulièrement nocive. Je lui préfère, comme d'autres avant moi, une culture de la réflexion et de la responsabilité dans l'écrit pour que le silence ne devienne pas amnésie.

Parler ouvertement du Rwanda, comme de Sarajevo, participe à un débat qui m'apparaît indispensable. Il me vaut de perdre quelques relations parmi mes anciens compagnons d'armes, mais de bénéficier du soutien de ceux – nombreux – qui estiment que *la réalité doit être dite* et que nos concitoyens ont le droit de juger par eux-mêmes des décisions politiques prises en leur nom.

Partager ces « événements », c'est éviter aussi qu'ils ne restent tapis dans l'ombre de nos mémoires et ne viennent nous hanter alors que nos horizons se rétrécissent.

La Rochelle, Charente-Maritime
(sud-ouest de la France).
Samedi 30 août 2014

Inimaginable quelques mois auparavant, je suis invité à l'université d'été du parti socialiste pour intervenir dans un atelier sur le génocide des Tutsi et présenter mon témoignage concret sur l'opération Turquoise.

L'initiative revient au mouvement des jeunes socialistes, qui a invité pour cette occasion une jeune historienne de talent, Hélène Dumas, et le très émouvant vice-président d'Ibuka France, Alain Ngirinshuti, rescapé du génocide. Les participants sont convaincus de l'intérêt de tenir enfin un débat ouvert et complet sur le rôle de la France, mais ils sont encore peu nombreux à oser défier l'ordre qui règne dans le parti…

En quittant les lieux, nous tombons nez à nez avec Hubert Védrine, qui dédicace son dernier livre dans le hall d'entrée du centre de conférences. Accompagné de quelques participants au débat, j'essaie d'accéder à l'ancien secrétaire général de l'Élysée.

Hubert Védrine me demande pour qui il doit dédicacer son livre. Je propose plutôt de lui offrir mon roman, *Vents sombres sur le lac Kivu*, avec une dédicace adaptée au rôle central qu'il a joué dans cette crise…

Je ne m'attendais pas à ce qu'il appelle la sécurité, mais je suis tout de même étonné par sa réaction : souriant, sûr de lui, c'est un sémillant ancien ministre des Affaires étrangères qui me répond, nullement décontenancé de se retrouver face à l'un de ceux qui affirment que *sa* version officielle de l'opération Turquoise est une fable.

Hubert Védrine me remercie même de ce livre *qu'il lira avec intérêt...* et m'explique « *qu'ils ont tout fait à l'époque pour amener les deux parties à négocier* ».

Son analyse, raccourcie mais pleine de conviction, m'interpelle. *La volonté d'amener les deux parties à négocier* expliquerait-elle les actions auxquelles j'ai participé et qu'il s'évertue pourtant à nier ?

Je lui demande si cela justifiait d'aller se battre contre le FPR, comme j'en ai reçu l'ordre le 30 juin, en pleine crise de Bisesero, au 83ᵉ jour du génocide.

Mon interlocuteur est un peu moins à l'aise. Il me répond « *qu'il n'est pas au courant des détails* ».

– Est-ce un détail *d'avoir fait livrer des armes en pleine mission humanitaire à des forces qui venaient de commettre un génocide, comme j'en ai été témoin en juillet 1994 ?*

La conversation se brise. Il penche la tête de côté pour rechercher d'éventuels lecteurs en attente d'une dédicace mais il ne trouve qu'une militante socialiste pour lui demander s'il accepterait une commission d'enquête sur le sujet.

Alors Hubert Védrine se fige,

– *Je refuse de répondre à cette question*, et il met fin aussitôt à notre discussion.

Paris, Lyon, Bordeaux (France).
2014-2017

Je suis invité à plusieurs colloques, pour témoigner. Des colloques aussi universitaires que politiques, car la question du rôle de la France dans le génocide des Tutsi devient inexorablement une question politique.

Ces colloques sont soutenus par des associations, notamment le mouvement antiraciste européen de l'EGAM[1], dont l'action permet de lutter contre ce terrifiant et silencieux enterrement qu'est l'oubli. Organiser ce long travail de reconnaissance, ce fastidieux devoir de mémoire, rencontre les mêmes obstacles et les mêmes peurs que pour le génocide des Juifs pendant la Seconde Guerre mondiale, et avant lui, celui des Arméniens.

Leurs conseils sont précieux, ils obligent à se souvenir que le président de la République François Mitterrand proclamait « *plus jamais ça* » au cours d'une cérémonie de commémoration à Oradour-sur-Glane[2], le 10 juin 1994, c'était pourtant le 63e jour du génocide des Tutsi. Car pour ce dernier génocide du xxe siècle, nous avons vu « nos amis » le préparer, nous les avons observés le commettre et nous n'avons en réalité rien fait pour les en empêcher.

---

1. European Grassroots Antiracist Movement.
2. Village massacré par les SS le 10 juin 1944, symbole de la barbarie nazie. Six cent quarante-deux morts.

Je rencontre les chercheurs qui travaillent sur cette question du Rwanda depuis des années avec leur patience, scientifique et pointilleuse. Ils explorent des documents et des témoignages permettant de reconstituer la réalité des faits. Certains poursuivent un grand dessein, comme Rafaëlle Maison, la professeure de droit international qui interroge sur le fond : *comment cela a-t-il été possible, comment le droit peut-il le sanctionner et l'empêcher ?*

Encore faudrait-il avoir accès aux archives sur le rôle de la France au Rwanda qui restent largement filtrées, voire interdites, malgré les annonces officielles et les promesses présidentielles. Le président de la République François Hollande a annoncé lui-même en 2015 qu'elles seraient (enfin) ouvertes.

Mais ces archives sont demeurées inaccessibles, la palme de la mauvaise foi revenant à la mandataire des documents de François Mitterrand pour qui ces papiers sont « *déclassifiés, mais non consultables* ». C'est la réponse faite par écrit à un ami scientifique, François, qui n'est pas sans rappeler cet ordre que j'avais reçu pendant le siège de Sarajevo, « *riposter, sans tirer* »...

J'aimerais citer enfin une rencontre avec un historien, Stéphane Audoin-Rouzeau, directeur d'études à l'École des hautes études en sciences sociales (EHESS). Il s'intéresse au génocide des Tutsi en tant que chercheur depuis 2008, sous deux aspects différents qu'il décrit ainsi :

Concernant le rôle de la France, ma position est proche de celle de Raymond Aron pendant la guerre d'Algérie : « Nous vivons en une patrie qui n'oblige aucun citoyen à mentir pour elle et où la recherche d'une vérité, si dure soit-elle, peut n'être pas contraire au bien commun. » *(La tragédie algérienne, 1957). Actuellement, nous sommes en plein mensonge : un mensonge d'État, du même type que celui qui a accompagné le déni*

de la torture et des exécutions sommaires en Algérie. Il faut
sortir de ce mensonge. Mais si la tâche est politiquement difficile,
elle ne l'est guère intellectuellement : six mois de travail par
une commission d'historiens exercés dans des archives enfin
ouvertes, et la sortie du mensonge serait accomplie.

Pour les mécanismes du génocide lui-même, leur analyse
et leur interprétation, le domaine est d'une complexité extrême
qui concerne aussi bien les acteurs que les dates, les méca-
nismes de décision que les réalités locales. À supposer que
les archives rwandaises soient disponibles, intactes, traduites
du kinyarwanda, et que l'on puisse croiser ces données avec
toutes les sources orales disponibles comme avec les données
d'une archéologie funéraire systématique, la question de l'inter-
prétation resterait entière. C'est cette étude que je souhaite
privilégier en tant que chercheur en sciences sociales, car ce
génocide est d'une rare sophistication et échappe largement
à notre compréhension profonde.

Stéphane Audoin-Rouzeau a transformé ma démarche d'écriture. Après le Rwanda, je me préparais en effet à récidiver avec
un nouveau roman pour relater ma mission d'interposition pendant le siège de Sarajevo. Ce professeur m'a alors convaincu,
en prenant comme contre-exemple une romancière de talent
(sa sœur Fred Vargas), que ma démarche ne s'inscrivait pas
dans ce domaine – le roman – mais relevait plus certainement
du *témoignage* destiné à décrire une réalité.

Il m'a aussi sensibilisé aux difficultés dans notre culture
française, de regarder en face les sujets qui dérangent, comme
l'ont montré les précédents de la *collaboration* pendant la
Deuxième Guerre mondiale ou de la guerre d'Algérie encore
aujourd'hui, pourtant plus d'un demi-siècle après les faits.

Pour dire la vérité, j'ai hésité : prendre le risque d'être
poursuivi en justice par ceux qui ont trop à perdre, subir plus

de pressions encore de ceux qui ne veulent pas avoir de comptes à rendre ou qui préfèrent ne pas savoir ?

Néanmoins, j'avais accepté de parler ouvertement de ces sujets difficiles dans des interviews et des colloques, alors pourquoi laisser à d'autres le soin d'écrire mon témoignage ?

J'ai donc repris intégralement mon manuscrit sur Sarajevo, sans difficulté car il s'agissait bien d'un récit transposé en roman. Les éditions des Belles Lettres ont publié *Vent glacial sur Sarajevo* en mai 2017 dans leur collection Mémoires de guerre.

Je craignais une volée de bois vert de mes anciens compagnons d'arme pour avoir enfreint cette culture du silence, au lieu de quoi j'ai reçu des témoignages émouvants. Ceux qui étaient avec moi à Sarajevo m'ont remercié « *d'avoir publié le livre qu'ils auraient aimé écrire* », remercié de « *la justesse du récit* » mais plus encore : ils m'ont dit, chacun avec leurs mots, *qu'en réalité, Sarajevo, ils n'avaient jamais pu en parler…*

J'ai été sévèrement critiqué aussi, par un ancien conseiller du président de la République ; il est vrai que j'ai raconté des faits, pas des intentions. Et cette culture du silence des militaires, évoquée plus haut, n'aide pas nos responsables politiques à prendre pleine conscience de la réalité de ce qu'ils ont décidé et qu'ils peuvent même confondre avec leur habile communication.

Après Sarajevo, il m'a semblé cohérent de reprendre mon manuscrit sur le Rwanda, afin de publier un témoignage aussi factuel que possible. Du roman paru en 2014, j'ai conservé les événements relatés – je n'avais inventé aucune situation – mais sans me limiter au seul sauvetage de la famille Morreia. J'ai raconté aussi ce long cheminement qui m'a mené jusqu'à ce livre, un quart de siècle d'un sentier tortueux et compliqué pour partager un récit d'opération, de nombreuses interrogations et quelques fantômes…

J'attends de ce témoignage – dont j'ai parfaitement conscience du caractère subjectif et limité – qu'il contribue au débat sur le rôle de la France dans le dernier génocide du XXe siècle, celui des Tutsi au Rwanda. Je l'ai écrit pour montrer le décalage entre la réalité de cette opération Turquoise et l'histoire officielle qui est une fable. Je l'ai écrit pour celles et ceux qui souhaitent se faire leur propre opinion.

Ce débat est loin d'être achevé, peut-être n'en verrais-je pas l'issue, mais j'aimerais me rappeler à tous ceux qui m'ont conseillé de me taire. Ils sont nombreux, tous pour de bonnes raisons : « *Je fais polémique, ce n'est pas à moi de porter ce débat, je pourrais compromettre ma carrière professionnelle, je ne respecte pas l'obligation de réserve qui devrait s'étendre bien au-delà du service actif, je brise la culture du silence, mes propos pourraient compromettre mes compagnons d'armes, j'alimente une polémique internationale, je questionne l'image de la France, je mets en difficulté des décideurs politiques qui me neutraliseront, j'attire l'attention sur des opérations financières qui ne doivent pas être dévoilées, je me mets inutilement en avant, je n'épargne pas les miens, je ne peux pas partir en croisade, je serai seul, je gêne… »*

S'il me fallait une seule raison pour continuer, ce serait justement celle-ci : qu'on me conseille de me taire. Je me tairai lorsque ceux qui devraient parler se mettront à témoigner, je me tairai lorsque nous pourrons débattre démocratiquement de la politique d'intervention de la France, je me tairai lorsque nous pourrons rendre hommage, dignement, aux centaines de milliers de victimes rwandaises que nous n'avons pas su empêcher.

Quartier de la Sorbonne, Paris, novembre 2017

****

Annexe I

Des traces de livraison d'armes dans les archives

Prenons l'exemple de la livraison d'armes pour laquelle on m'a demandé de détourner l'attention des journalistes présents sur la base de Cyangugu. Il est difficile d'imaginer qu'il existe (ou ait existé) un document mentionnant « *Ce jour, nous organisons une livraison d'armes sous couvert de notre mandat humanitaire, vers les soldats des FAR pourtant impliqués dans le génocide, et nous leur transportons dans des camps de réfugiés pour qu'ils puissent continuer à se battre… signé HB* ».

Ce qui est plus envisageable est qu'il existe des manifestes de livraison aérienne d'origine géographique incompréhensible ou des incohérences entre la présence d'avions de transport et l'absence de cargaison.

Une approche complémentaire serait évidemment de trouver les opérations financières qui ont réglé ces *contrats* – c'est le cas pour certaines[1] – ainsi que des témoins fiables sur l'aéroport de Goma qui préciseraient à quel moment *on* leur a demandé de ne pas vérifier certaines livraisons, voire de s'absenter…

---

1. Une livraison d'armes réglée par la banque BNP Paribas pendant le génocide, en dépit de l'embargo, a été notamment documentée par un reporter de Radio France, Benoît Collombat.

Il serait fructueux aussi d'enquêter sur ces intermédiaires qui s'affichaient, comme la société SPAIROPS (Special Air Operations International) dont mes camarades rapportaient que Guillaume Victor-Thomas était un représentant omniprésent sur l'aéroport de Goma. Ce dernier vend aujourd'hui de l'*open mind innovation*, comme d'autres vendent de *l'intelligence économique*...

Annexe II

Éléments d'analyse du tir de missiles contre l'avion du président rwandais

Quelques éléments concernant le rapport d'expertise commandité par les juges Poux et Trévidic (janvier 2012) sur l'assassinat du président Habyarimana le 6 avril 1994, événement déclencheur du génocide des Tutsi.

Cette étude très complète – 338 pages – est remarquable, combinant efficacement de multiples facteurs, caractéristiques de l'avion, performances des missiles, analyse des trajectoires, chronologie des informations aussi bien acoustiques que visuelles. Elle permet de reconstituer l'enchaînement des faits avec une grande pertinence.

J'ai relevé une seule erreur dans les hypothèses, concernant l'impossibilité que ce soit un missile français Mistral *parce qu'il n'aurait pas été disponible à cette époque*. Le Mistral avait été accepté en service opérationnel en 1990, engagé pendant la première guerre du Golfe (1991) et déjà largement exporté en 1994, notamment au Qatar… Pourquoi l'avoir écarté ?

Néanmoins, la question perd de son importance dans la mesure où l'expertise montre que le missile utilisé était du type *propulsé en permanence* – tous les observateurs sont formels sur ce point – ce qui exclut de fait le Mistral qui est propulsé uniquement pendant son accélération initiale[1].

L'étude scientifique de cette expertise peut être complétée par une analyse opérationnelle.

Quel armement a été utilisé ?

La forte probabilité qu'il s'agisse de deux missiles de type SAM 16 n'apporte en réalité que peu d'information. En effet, les arsenaux de SAM 16 étaient considérables (tous les anciens pays membres du pacte de Varsovie en étaient équipés) et de nombreux stocks disponibles sur le marché international, au total plus d'une cinquantaine de pays disposaient de cet armement en 1994.

Si certains voulaient encore conclure que seul l'Ouganda, et donc le FPR, en possédait dans ce conflit, rappelons simplement que la France avait acquis des SAM 16 dès 1989, entre autres pour les comparer au Mistral…

Le fait que deux tubes de missile aient été retrouvés *sur place,* mais plus tard, est un non-sens sauf à vouloir signer son forfait. À ce compte-là, les tireurs auraient pu tout aussi bien laisser la facture et une carte de visite. Cela avait tout d'une mise en scène qui heureusement n'a pas pollué le travail des experts. Notons cependant que la direction du renseignement militaire (DRM) s'était fait le relais insistant de cette *découverte.*

Le site de tir ayant été bien identifié dans le rapport, il aurait été intéressant de procéder à une recherche des éjecteurs des

---

1. Le Mistral est spécifique dans sa catégorie, il n'a pas de propulseur de croisière, seulement un booster d'accélération qui l'emmène à Mach 2.4 en environ deux secondes. Le missile vole ensuite sur son inertie, ce qui le rend difficilement détectable après cette accélération, y compris de nuit, alors que la flamme rouge du propulseur d'un SAM 16 ou d'un STINGER reste visible pendant toute la course du missile.

missiles. L'éjecteur est une pièce métallique de la taille d'une boîte de conserve, rarement récupérée par les équipes de tir et facile à retrouver avec un simple détecteur de métaux. Cet éjecteur est une particularité des missiles antiaériens portables, il lance le missile hors de son tube avant que le propulseur ne se déclenche, pour éviter que la flamme de ce dernier ne grille le tireur ; l'éjecteur retombe loin devant le tireur et constitue un marqueur spécifique de chaque missile utilisé. Il aurait donné de précieuses indications sur les exemplaires tirés.

Qui a pu tirer, sur le plan opérationnel ?

Les missiles portables sont relativement simples à servir, néanmoins leur utilisation en opération requiert plusieurs conditions sine qua non :

– Les missiles doivent être en état de marche et donc parfaitement entretenus. C'est un leurre diffusé depuis la première guerre d'Afghanistan que le missile soit prêt à l'emploi à la sortie de son emballage. En réalité, le système de guidage infrarouge (la tête du missile est attirée par une source de chaleur) nécessite un balayage régulier à l'argon ou à l'azote qui n'est pas à la portée de miliciens désorganisés. Sans cet entretien sophistiqué, le missile est généralement hors-service après seulement une année. Donc un missile en état de marche (en l'occurrence deux pour ce tir) nécessite des moyens industriels, dont seuls les États et des marchands d'armes de haut niveau disposent, grâce à leur accès direct aux entreprises d'armement ou aux arsenaux militaires.

– L'équipe de tir, deux personnes par lanceur soit probablement cinq au total en incluant un coordinateur pour ce tir double, doit avoir un niveau de formation *confirmé*. Il n'y a aucune comparaison possible entre une démonstration virtuelle sur un jeu vidéo et le tir réel d'un missile dans des conditions opérationnelles. En particulier, le créneau de tir est réduit par le temps court d'apparition de la cible tandis que l'utilisation d'une pile amorçable pour l'activation du missile limite son autonomie à moins d'une minute. Les deux combinés font que, sans entraînement sérieux, la *chance* d'atteindre un avion est quasi nulle.

En général, l'entraînement des équipes de tir MANPADS (missile antiaérien portable) repose sur deux éléments, l'utilisation régulière d'un simulateur de tir qui reproduit au plus près les conditions réelles de manipulation de l'arme, et l'expérience du tir réel pour maîtriser le stress au moment fatidique.

Des équipes de tir bien formées étaient malheureusement disponibles en grand nombre à cette époque, du fait de la chute du mur de Berlin et de la déshérence d'unités solidement entraînées dans les anciens pays de la sphère soviétique. Pour une somme relativement modeste (inférieure au demi-million de dollars de l'époque), il était possible de recruter un équipage de tir complet avec les missiles nécessaires pour une telle opération.

Aussi n'importe quelle faction pouvait-elle se payer cette prestation, à condition d'échapper à la surveillance des services secrets des grands pays ou de bénéficier de leur soutien…

Comment ce tir a-t-il pu être mené à bien, et détruire l'avion du président rwandais ?

L'opération nécessitait une belle marge de manœuvre, elle a forcément été précédée d'une ou plusieurs reconnaissances, surtout pour un tir de nuit, afin de vérifier le créneau de tir, la visibilité réelle, les alentours, les obstacles éventuels sur la trajectoire qui seraient fatals au missile comme à l'équipage…

Les positions de tir se situant dans la zone du camp militaire de Kanombe, ce n'est pas la peine « d'avoir fait Saint-Cyr » pour comprendre que l'équipe de tir avait des complicités fortes avec les autorités militaires. Elle aurait sinon pris le risque d'être repérée même en opérant de nuit, car ces missiles portables sont difficiles à manipuler sans un minimum d'éclairage.

L'équipe s'est vraisemblablement mise en place avec un dispositif de protection tout autour d'elle pour éviter d'être aperçue par des témoins. Les missiles et leurs accessoires devaient être déposés *prêts au tir* à l'arrière d'au moins deux pick-up.

Un tir efficace imposait par ailleurs un dispositif fiable d'alerte et d'identification de la cible. En effet, la *fenêtre de tir* est très étroite avec un missile portable, parce que :

– le missile est lourd sur l'épaule (environ 16 kg au complet), un tireur entraîné ne le supporte que quelques minutes sans risquer des crampes, donc il le dépose à ses côtés et ne l'épaule que sur alerte. À condition d'être resté à proximité, il lui faut une quinzaine de secondes pour être en capacité réelle de tirer.

– la séquence de tir est longue, environ quinze secondes supplémentaires, soit au total plus de trente secondes en intégrant la contrainte précédente, tandis que la *fenêtre de tir* (le moment où l'avion est tirable compte tenu de sa distance) est limitée à un créneau compris entre une à trois minutes seulement. Cela laissait peu de temps, alors que l'incertitude règne la nuit, l'identification visuelle étant souvent réduite aux seuls feux clignotants : était-ce le bon avion ? Et pas l'Hercules C130 belge qui devait lui aussi atterrir cette nuit-là ?

Ce genre de tir nécessitait donc un dispositif pour alerter de l'arrivée de la cible. Il était trop incertain de se contenter du plan de vol théorique et difficile de reposer sur des alerteurs éloignés car l'avion descendait en altitude tardivement et restait peu repérable à grande distance de la piste. Le rapport précise qu'il n'y avait pas de radar d'approche, donc peu d'acteurs pouvaient donner le signal au moment approprié : la tour de contrôle, l'équipe d'accueil de la délégation présidentielle, forcément prévenue dès la prise de contact du pilote ? Et comment prévenaient-ils l'équipe de tir, par radio ou par signal lumineux en vue directe de l'aéroport ? Les téléphones portables n'existaient pas encore…

L'équipe de tir pouvait aussi disposer d'une radio sol-air pour écouter le dialogue entre l'équipage de l'avion et la tour de contrôle, ce qui nécessitait alors une parfaite connaissance de la procédure d'approche pour pouvoir la comprendre. Dans tous les cas, il fallait un lien fort avec les personnes qui attendaient l'avion du président.

Pendant le tir, il est psychologiquement impossible de ne pas chercher à suivre la trajectoire du missile jusqu'au bout. Et le résultat du tir n'a pas fait de doute puisque l'avion a explosé, ce qui est très rare avec ce type de missile où ce sont en général des dommages indirects qui conduisent à l'altération de la cible, rarement visible à l'œil nu, encore moins de nuit.

L'avion du président a explosé en vol – le deuxième missile ayant percuté un de ses réservoirs – et s'est écrasé lourdement au sol. Il s'agissait alors pour l'équipe de tir de s'échapper pour disparaître, tandis que le départ des missiles avait irrémédiablement attiré l'attention sur leur position, la flamme de départ étant de plus de 100 mètres et particulièrement visible de nuit.

Laisser sur place les tubes vides des missiles n'avait aucun sens car ce sont des éléments de tir que les équipes entraînées rapportent systématiquement. Comme signalé plus haut, cela reviendrait à vouloir *marquer* son tir, et on aurait alors retrouvé à proximité tous les accessoires, caisses de transport, bouchons d'extrémité des tubes, piles/batteries spécifiques et même les missiles supplémentaires sans doute prévus.

L'équipe de tir s'est pourtant exfiltrée sans être repérée, à moins qu'elle n'ait tranquillement attendu sur le camp militaire.

Aucun témoignage fiable n'a permis de les identifier jusqu'ici.

Il est vraisemblable que ses membres aient été effacés après leur contrat, ou qu'ils appartenaient à des organisations qui savent gérer un secret dans le temps.

Lexique

2e REI, régiment étranger d'infanterie, basé à Nîmes. Un régiment *étranger* est une unité de la Légion étrangère.

2e REP, régiment étranger parachutiste, basé à Calvi.

13e DBLE, demi-brigade de la Légion étrangère, basée à Djibouti.

68e régiment d'artillerie d'Afrique, basé à La Valbonne (région de Lyon), ce régiment professionnel était alors dédié à la Légion étrangère, qui ne dispose pas en propre d'unité d'artillerie. Ces artilleurs d'Afrique n'étaient pas légionnaires, mais travaillaient essentiellement pour les unités de Légion en opération.

BOI, bureau des opérations et d'instruction, prépare et organise ces deux domaines, *l'instruction* recouvrant en fait la formation individuelle et l'entraînement collectif des militaires.

BRÊLAGE, vient du terme braie, désigne notamment les sangles permettant de porter des armes à feu et leurs accessoires (chargeurs, etc.). Les brêlages permettent surtout de faire reposer sur ses épaules le poids des équipements portés directement sur soi.

BRIEF, vient de l'ancien français *brief*, pour faire bref dans le discours et la préparation. Briefer est une activité courante chez les militaires.

C130 HERCULES,
avion de transport amé-
ricain, standard du genre,
10 tonnes réelles de fret,
toujours en production.

C160 TRANSALL, avion de transport franco-allemand,
construit dans les années 1960 et rénové dans les années 1980.
Capacité limitée de moitié par
rapport à un Hercules, mais très
apprécié pour sa rusticité, une
brouette pour les aviateurs.

CAP, les aviateurs comme les marins s'orientent par cap,
sur 360 °. Le cap nord correspond donc à 360 (plutôt que 0),
l'est à 90, le sud à 180 et l'ouest à 270 °. *Faire un 180* en
langage militaire signifie faire demi-tour ou être à contresens,
selon les circonstances.

CHECKER, anglicisme, vérifier, contrôler.

COS, commandement des opérations spéciales, créé après la
première guerre du Golfe (1991), pour regrouper et coordonner
l'action des forces spéciales qui étaient auparavant dirigées
séparément et différemment au sein de chaque armée.

DOGTABS, plaquettes d'identification en métal, portées
autour du cou et destinées à faciliter l'identification des corps.
Elles mentionnent les grade, prénom et nom, le numéro de
matricule, l'unité d'appartenance et parfois, au dos, la devise
de l'unité. Elles se composent de deux exemplaires, ou d'une
plaque prédécoupée en deux parties identiques, qui ne doivent
être séparés qu'en cas de décès.

DRY RUN, « marche à sec », galop d'essai ou répétition.

ESTANCOT, cabanon, appellation souvent donnée à
l'endroit où se loge une équipe militaire.

FAC, Forward Air Controller, contrôleur avancé, officier
qui assure le guidage au sol des frappes aériennes et dont il

assume la responsabilité. Fonction sensible qui nécessite une formation longue et coûteuse, le FAC se trouve à faible distance des cibles à détruire. Il travaille normalement au sein d'une équipe, le Tactical Air Control Party (TACP) mais, dans le cas de l'opération Turquoise, le FAC agissait seul au profit d'une compagnie de combat.

FAMAS, fusil d'assaut de la manufacture d'armes de Saint-Étienne, arme
réglementaire de l'armée française,
sophistiquée et coûteuse.

FAR, Forces armées rwandaises, forces gouvernementales au moment du génocide, elles étaient réservées aux Hutu.

FPR, Front patriotique rwandais, parti politique fondé par les exilés tutsi et principale force d'opposition au gouvernement pendant ce conflit, il est toujours au pouvoir au Rwanda en 2017.

FUSIL BARRETT, en
calibre 12,7 pour tireur
d'élite, porte théoriquement
jusqu'à 1 000 m.

GALIL, fusil d'assaut
de conception israélienne,
assez répandu en Afrique.

GÉNOCIDE, extermination physique, intentionnelle, systématique et programmée d'un groupe en raison de ses origines ethniques, religieuses ou sociales. Le génocide perpétré au Rwanda a été organisé par des extrémistes hutu pour exterminer les Tutsi du pays, ainsi que tous ceux qui en étaient proches. Il a été perpétré d'avril à début juillet 1994. Durant ces trois mois, environ un million de personnes ont été massacrées. Le génocide avait été préparé et soigneusement organisé, notamment par l'entourage du président Habyarimana. Il a été stoppé par la conquête du pays par le FPR.

GPS, Global Positioning System, système de géolocalisation par satellite, a révolutionné l'orientation et la navigation, sans toutefois empêcher de se perdre.

INFANTERIE DE MARINE, v. Troupes de marine

IL76, Candid, énorme avion de transport militaire, d'origine soviétique. Largement utilisé dans les opérations de l'ONU, il peut transporter 40 tonnes de fret (quatre fois la capacité d'un C130 Hercules).

JAGUAR, avion d'attaque au sol, franco-britannique. Rustique et simple, il a été très utilisé dans les années 1970-1980, puis dépassé lors de la première guerre du Golfe (1991) par les systèmes sophistiqués de vol et de guidage. Retiré du service en 2005.

LÉGION ÉTRANGÈRE : corps de l'armée de terre française créé en 1831 pour intégrer des soldats étrangers. Au terme d'une sélection sévère, qui proscrit tout crime de sang, le légionnaire peut choisir une nouvelle identité et occulter son passé. Souvent appelé *képi blanc* (coiffure de la tenue de parade), le légionnaire porte en tenue de combat le béret vert ou un casque en Kevlar. La Légion étrangère est une véritable institution dans l'armée de terre, même si la plupart de ses cadres n'y passent en réalité que quelques années.

MARSOUIN, surnom de l'infanterie de marine.

MAGLITE, lampe torche robuste et résistante aux intempéries, le modèle bâton peut aussi servir de matraque.

MIRAGE F1CT, version modifiée au début des années 1990 du Mirage F1 pour l'attaque au sol. Retiré du service en 2012.

MISTRAL, missile antiaérien portable de fabrication française, un des plus puissants dans sa catégorie.

P4, véhicule 4x4 de l'armée française, fabriqué par Peugeot en coopération avec Mercedes. Une tonne huit. Non blindé, inconfortable, bruyant et vorace en carburant.

PA MAC 50, pistolet semi-automatique en 9 mm de la manufacture d'armes de Châtellerault (MAC) modèle 1950, en dotation dans l'armée de terre française, une antiquité…

PC, poste de commandement, il est appelé « opérationnel » quand il conduit et coordonne les opérations.

SAM 16, missile antiaérien portable de fabrication russe. Arme redoutable, mais difficile à utiliser efficacement.

SIG Sauer P228, pistolet semi-automatique en 9 mm, de conception suisse et fabriqué en Allemagne. Il équipe l'US ARMY (M11) et le FBI.

SUPER PUMA, hélicoptère de transport construit par ce qui est aujourd'hui le groupe Airbus. Évolution beaucoup plus puissante et moderne du PUMA.

TROUPES DE MARINE, à l'origine embarquées sur les navires de guerre, puis troupes coloniales, les troupes de marine font partie intégrante de l'armée de terre dont elles constituent un des lobbys importants. Elles entretiennent une concurrence à peine voilée et omniprésente avec la Légion étrangère.

TACP, Tactical Air Control Party, se prononce TAC-Pi, équipe de guidage au sol des frappes aériennes, v. FAC.

TEMPÊTE DU DÉSERT, nom de l'opération militaire pendant la première guerre du Golfe (1991), menée par une coalition internationale destinée à libérer le Koweït envahi par l'Irak.

UNITÉS de mesure : les aviateurs utilisent pour les distances plutôt des milles nautiques que des kilomètres (1 NM = 1,852 km) et pour l'altitude des pieds (*feet*) plutôt que des mètres (1 *ft* = 30 cm). Les vitesses normalement exprimées en nœuds (abrégés en « kts » pour *knots* = NM/h) ont été converties en km/h pour faciliter la lecture.

UNHCR, United Nations High Commissioner of Refugees, Haut-commissariat aux réfugiés des nations unies.

VLRA, véhicule léger de reconnaissance et d'appui, hybride entre le camion et le pick-up, réputé pour sa fiabilité.

**

Le Rwanda

Le Rwanda est un pays d'Afrique centrale, de la région des Grands Lacs.

À partir de 1990, des rebelles, pour l'essentiel des Tutsi exilés qui se sont vu refuser le droit au retour, mènent une guérilla contre le président Habyarimana et son armée, réservée aux Hutu. Ces derniers sont soutenus par la France qui s'implique toujours plus dans le conflit.

En 1993, des accords de paix sont signés sous l'égide de l'ONU, à Arusha en Tanzanie, et commencent à être appliqués. Mais la nuit du 6 avril 1994, l'avion du président rwandais est abattu. Dans les heures qui suivent, les extrémistes hutu prennent le pouvoir et déclenchent le génocide des Tutsi, visant à leur extermination. Plus de huit cent mille Tutsi sont massacrés, des nouveau-nés aux vieillards, ainsi que des dizaines de milliers de Hutu qui s'opposaient aux meurtres ; au total près d'un million de victimes en cent jours. Les tueurs sont une large partie de la population hutu, dirigée par le gouvernement extrémiste, avec l'aide de son administration et de ses forces armées incluant des milices.

La France continue de soutenir ce gouvernement rwandais et décide d'intervenir militairement, sous couvert d'un mandat humanitaire de l'ONU. Elle déclenche l'*opération Turquoise* le 22 juin 1994, au 75e jour de ce qui fut le dernier génocide du XXe siècle.

Chronologie Rwanda

1897 Établissement d'un protectorat militaire allemand.

1916 Les troupes belges chassent les quelques officiers allemands, et le Rwanda passe sous administration belge.

1931 La mention ethnique est apposée sur les livrets d'identité.

1959 Grégoire Kayibanda fonde le Parti pour l'émancipation du peuple hutu (le *Parmehutu*), qui exige l'abolition de la « colonisation tutsi ».

« Révolution sociale hutu » qui se traduit par le massacre de plusieurs centaines de Tutsi. Des dizaines de milliers d'entre eux prennent le chemin de l'exil dans les pays limitrophes.

1961 La monarchie est abolie par référendum.

1962 Le Rwanda accède à l'indépendance sous la présidence de Grégoire Kayibanda.

1963-1964 Des incursions d'exilés tutsi (surnommés *Inyenzi* – « cafards » – en raison de leurs attaques nocturnes) déclenchent une répression féroce contre les Tutsi de l'intérieur.

1973 Le général Juvénal Habyarimana, officier hutu originaire du nord du pays, prend le pouvoir à la faveur d'un coup d'État.

1987 Face aux fins de non-recevoir du régime Habyarimana sur leur droit au retour, des réfugiés tutsi fondent le Front patriotique rwandais (FPR) incluant aussi des dissidents hutu.

1990 Le FPR lance sa première offensive, rapidement jugulée par les Forces armées rwandaises (FAR), appuyées par les troupes zaïroise, belge et surtout française.

1991 Le FPR prend l'une des principales villes du nord, Ruhengeri.

1992 Les milices *Interahamwe* sont créées. Elles manifestent violemment leur soutien au parti présidentiel.

1993 Les Accords d'Arusha sont signés sous l'égide de l'ONU entre le président Habyarimana, les partis d'opposition et le FPR. Ils prévoient le partage du pouvoir et la fusion des armées.

La mission des Nations unies pour l'assistance au Rwanda (MINUAR), commandée par le général canadien Roméo Dallaire, se déploie avec 2 500 hommes.

1994

6 avril Dans la soirée, l'avion du président Habyarimana est abattu. Les unités d'élite de l'armée rwandaise et les miliciens quadrillent Kigali. Le colonel Bagosora réunit un comité de crise au cours duquel il refuse de remettre le pouvoir à la Première ministre, Agathe Uwilingiyimana, comme le prévoit pourtant la constitution.

7 avril, début du génocide des Tutsi.

La Première ministre est assassinée et les dix casques bleus belges qui la protégeaient sont massacrés par des soldats rwandais ; les opposants politiques hutu sont systématiquement éliminés.

Le FPR reprend l'offensive.

8-9 avril Un gouvernement intérimaire est constitué avec des personnalités issues de partis différents mais appartenant toutes à la faction « Hutu Power », c'est-à-dire à la frange extrémiste.

9-15 avril Plusieurs puissances occidentales, dont la Belgique et la France, envoient des troupes pour assurer l'évacuation de leurs ressortissants, mais sans intervenir pour faire cesser les massacres.

21 avril Le Conseil de sécurité des Nations unies réduit les effectifs de la force onusienne de 2 500 à 270 hommes.

22 juin La France lance l'opération Turquoise, sous l'égide des Nations unies. Alors que le génocide est consommé, les forces françaises forment un glacis dans l'ouest du pays permettant aux cadres du gouvernement extrémiste de fuir vers le Zaïre face à l'avancée des troupes du FPR.

4 juillet Le FPR remporte la bataille de Kigali.

19 juillet Les forces du génocide sont en déroute, ayant poussé sur les chemins de l'exil au Zaïre et en Tanzanie plus de deux millions de civils hutu. Un nouveau gouvernement d'« Union nationale » est mis en place à Kigali, dominé par le FPR de Paul Kagamé.

2017 Le pays est toujours présidé par Paul Kagamé.

Le Rwanda en Afrique

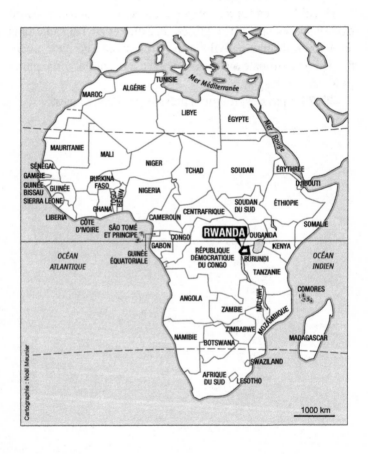

Carte du Rwanda

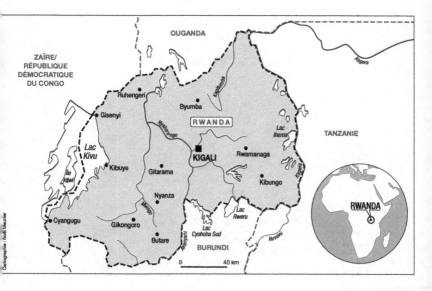

Carte des principaux lieux cités

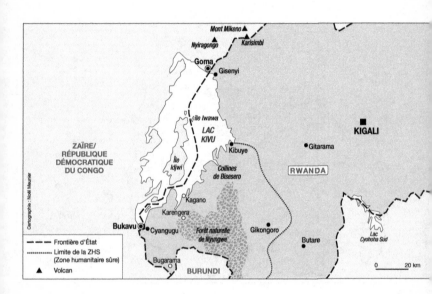

Mes remerciements vont à tous ceux, et celles, qui m'ont apporté la matière, la réflexion et les détails nécessaires pour la rédaction.

Remerciements particuliers à ceux qui m'ont aidé à construire, corriger et aboutir ce récit, une aventure en soi.

Remerciements spéciaux à celles qui m'ont supporté pendant l'écriture…